LOGICAL THINKING

使う！

ロジカル・
シンキング

最強の伝え方

「結局、何が言いたいの？」と言わせない

マネジメント・ラーニング代表取締役
Kubota Yasushi
久保田 康司

日本実業出版社

プロローグ

「つなぐ」「分ける」「組み立てる」を意識する

　この本を手に取ってくださっている方は、ロジカル・シンキングについて問題意識を持っている人でしょう。本書のタイトルは「使う！ ロジカル・シンキング」です。これまでロジカル・シンキングを学んでも使えなかった人や、苦手意識がある人にぜひ読んでいただきたいという思いが本書には詰まっています。

　私は、ロジカル・シンキングに苦手意識を持っている人の共通点は2つあると思っています。

　1点目は、目先の仕事で忙しくて、ロジカル・シンキングについて費やす時間がないことです。2点目は面倒くさがりで楽をしたいと思っていることです。

　まず1点目の「時間がない」についてですが、立ち止まっていろいろと考えることは時間がかかります。また、論理的思考力を身につけようと、本を読んだり研修に参加すると時間が取られます。時間をかけたくないと思うと、どうしてもロジカルに考える機会から遠ざかって、直感や思いつきでものごとを決めてしまいがちになります。直感や思いつきでものごとを決めれば、考える時間を省くことができるので、忙しい人はつい場当たり的に直感で決めてしまうのです。

　2点目の「面倒くさがりで楽をしたい」については、ロジカル・シンキングを学んでも、それを実際に使うことが面倒なの

です。仕事でロジカルに考える必要があるとき、過去の研修レジュメや書籍を引っ張り出して調べようとしても、どこを確認すればよいかわからず、面倒に思ってしまいます。また、ロジカルに考えるためのキーワードをネットで検索しても、膨大な検索結果が表示されて、どれを見ればいいのかわかりません。結局、面倒になってそこで終わってしまうのです。

　そもそも、考えることは労力を伴います。あれこれと考えると頭が疲れるので、できれば労力を避けて楽をしたいと思っているのです。

　このような人に対し、気軽に読んでいただけるようにするため、以下の点を意識して執筆しました。

問題意識に応じて必要な箇所から読んでもOK

　本書は最初から順を追ってすべてのページを読み進める必要はありません。項目タイトルを見て、たとえば、「君は何が言いたいのかわからない」と注意を受ける人は、1章−8「『で、結局何が言いたいの』と言われないコツ」を読んでみるなど、自分が興味を持ったページから読んでいただいてかまいません。

身近な事例でロジカルに考える状況を疑似体験できる

　本書で取り上げている事例は、多くの人が出くわすような身近な事例ばかりですので、納得しながら読めると思います。本文中では、できるだけ専門用語を使った解説はせず、論理思考のツールなど専門的な解説にはコラムを設けています。本文を読んで、興味を持った論理思考のツールがあれば、コラムも読んでみてください。

本書は、読んでいただいた方全員に、「ロジカル・シンキングってシンプルで簡単なんだ！」と思っていただくことが目的ですが、「そうは言っても難しいんでしょう？」と思う人がいるかもしれません。

　しかし、ロジカル・シンキングは、「つなぐ」「分ける」「組み立てる」の3つを意識するクセをつければ簡単にできるようになるのです。

「つなぐ」とは、似たものどうしをつなげる、主張・論拠・データをつなげる、原因と結果をつなげることです。1章－7、2章と5章で「つなぐ」について説明しています。

「分ける」とは、様々な情報を整理して分類することです。3章と5章で「分ける」ことについて説明しています。

「組み立てる」とは、様々な情報から何が言えるのか、言いたいことを組み立てることです。4章で「組み立てる」とは何か説明しています。

　これら3つの考え方を習得するだけで、みなさんも必ずロジカル・シンキングができるようになれます。

　実は私自身、まったくロジカルな人間ではなかったのですが、学んだことを繰り返し使って考えるようになった結果、今では人並み以上にロジカルな人間になったと思います。

　本書をきっかけに、1人でも多くの人がロジカルな思考力を身につけて、社会人としての基礎力を固めていただければ幸いです。

　2021年1月　　　　　　　　　　　　久保田 康司

Contents

「結局、何が言いたいの？」と言わせない最強の伝え方

使う！ ロジカル・シンキング

プロローグ
「つなぐ」「分ける」「組み立てる」を意識する

1章

ロジカル・シンキングを使える人になるための心構え

2章

ロジカルに「考える」ための基本

3章

ロジカルに「整理する」ための基本

4章

ロジカルに「伝える」ための基本

5章

ロジカルに「問題解決する」ための基本

エピローグ
ロジカル・シンキングで上手くいかないときの思考法

カバーデザイン　　　　井上新八

本文デザイン・DTP　　Isshiki(齋藤友貴・青木奈美)

1章

ロジカル・シンキングを
使える人に
なるための心構え

1-1

ロジカルに考えるとは？

「ロジカル・シンキング」と聞いて、何をイメージしますか？「何だかとにかく難しそう」と思う人も多いかもしれません。ロジカルに考えたり話したりすることに苦手意識がある人は、「もう少しわかりやすく説明して！」と言われて、思考がフリーズした経験があるでしょう。

私がこれまでに公開セミナーや企業研修などで、数多くのロジカル・シンキングの講座を受け持ってきたなかで、多くの受講生からよく聞くのは、「ロジカルに考えるのが苦手なんです」という声です。では、ロジカルに考えるのが苦手とはどういうことかと尋ねてみると、ほとんどの人から具体的な答えは返ってきません。なぜなのでしょうか？

そもそも、ロジカルとは「論理的」ということです。論理的ということは簡単に言うと、**「話の筋が通っている」**ということです。話の筋を通すには、話の始めから終わりまでが「つながって」いなければなりません。1章-7でくわしく説明しますが、「道筋」も道がつながっているという意味で**「つながり」**です。つまり、論理的であるためには何かと何かがつながっていることが必要です。言葉と言葉がつながっているとか、文章と文章がつながっているとかいうことです。

ロジカルであるためには、自分勝手にものごとをつなげてしまうのではなく、決まった法則に従ってつなげる必要があります。ロジカルに考えなさいということは、あなたが言いたいことが筋道立ってつながりを持つように、法則を使って考えなさいということです。この法則について、ていねいに解説した名著や人気セミナーなどもたくさんあり、ひと通り法則を理解している人も多いはずです。

　それにもかかわらず、なぜロジカルに考えることを苦手とする人が多いのでしょうか。それは、ロジカルに考える「法則」を頭で理解はしていても、その場その場で使いこなせていないだけなのです。「法則」を使わずに考えると自己流のロジカルになってしまうので相手に通用せず、ますます苦手意識が強くなってしまいます。

　また、書籍等では法則がたくさん紹介されていますが、ロジカル・シンキングに必要な法則は、本書の中で触れる三角ロジック、ＭＥＣＥ（ミーシー）、フレームワークなどで十分です。これらの法則を活用すれば苦手意識を克服することができるでしょう。

　詳細は２章－１で説明しますが、相手にわかりやすい説明をする際は**「主張」「論拠」「データ」の３つをつなげる三角ロジックの法則**があります。この三角ロジックを使うだけで、相手にわかりやすい説明をすることができます。

　ためしに、ロジカルに考える法則を使わず、言葉や文章がつながっていない例を見てみましょう。登場人物はさまざまな事業を展開するアルファ社の営業部で働く田中君と近藤課長です。

田中君　「近藤課長、来年度のキャンペーンですが、ぜひトップタレントのＡＢＣ４８を起用しましょう！」

近藤課長　「田中君、なんでＡＢＣ４８がいいと思うの？」

田中君　「課長、ＡＢＣ４８をご存知ないのですか？　国民的なアイドルグループですよ」

近藤課長　「ＡＢＣ４８を起用すれば本当に当社の売上が上がるのかな」

田中君　「はい！　ＡＢＣ４８は誰もが知っていますし、わが社の認知度も高まりますよ」

近藤課長　「私はあまり知らないんだけど、本当に有名なの？」

田中君　「はい、有名です。知らないほうが珍しいですよ！」

近藤課長　「ＡＢＣ４８以外にキャンペーンに起用する候補のタレントはいなかったの？」

田中君　「いや、今の時代、ダントツでＡＢＣ４８ですよ」

近藤課長　「……」

　はたして、この会話は成り立っているといえるでしょうか？田中君の発言は主張だけで論拠とデータがないため、つながりがありません。主張したいことがあれば、必ずその論拠とデータが必要です。ＡＢＣ４８を起用するアイデア自体は問題ありませんが、ここではＡＢＣ４８を起用することについて、なぜＡＢＣ４８が当社のキャンペーンにふさわしいのか、相手が納得する論拠が示されなければなりません。

　また論拠を示したとしても、その論拠が信頼されるためには

客観的なデータに基づいている必要があります。つまり、相手を説得するための方法は、「主張」「論拠」「データ」の３つをつなげるのです。

　では、次の会話はいかがでしょうか。近藤課長と田中君が今期の売上計画について打合せをしています。

💡 シーン　今期の売上計画についての打合せ

近藤課長　「田中君、今期の売上計画だけど、きちんと達成できるのかな？」

田中君　「はい課長！　大丈夫です」

近藤課長　「でも、現時点で進捗がまだ６割だけど、あと２か月で残り４割達成できる？」

田中君　「はい、すべての得意先を訪問して、追い込みをかけます」

近藤課長　「追い込みをかけるって、具体的に何をするつもり？」

田中君　「とにかく、商品を買ってもらうように、最後のお願いにあがるのです」

近藤課長　「それで大丈夫？」

田中君　「はい、営業はとにかく足しげく得意先に出向くことが重要なんです」

近藤課長　「本当にそれで売上は大丈夫か？」

田中君　「はい、体力と気力では誰にも負けませんので、とにかく頑張ります！　課長、よく言うでしょう。人間、諦めない気持ちが大切だって！」

近藤課長　「……」

いかがですか？　この会話の田中君の説明では、上司は納得
できません。田中君の主張は単なる根性論でしかなく、勢いだ
けしか伝わってきません。問題は、田中君の売上が計画通りに
進捗していない原因の究明がなされないまま、気合と根性論の
対策しか述べていない点にあります。残り２か月の時点でなぜ
売上が４割も未達なのか原因を明確にし、そのうえで解決策を
提案しないといけないのです。問題を解決するためには原因の
究明から対策の立案へとつなげる問題解決の法則を使わなけれ
ばなりません。

　先ほどの２つのシーンの会話では、田中君の考え方や発言に
つながりがないために相手の納得を得られず、上司は田中君に
対して「もうちょっと考えてほしい」「言いたいことがわからな
い」と思っているのです。
　ロジカル・シンキングを学ぶということは決して難しいこと
ではありません。いくつかの法則を使うだけでロジカルに考え
ることが可能となります。

1-2
なぜロジカル・シンキングが必要か？

　ロジカル・シンキングはビジネスパーソンだけでなく、すべての人に必要なスキルです。「自分はクリエイティブな仕事だから、論理的になんて考えたらクリエイティブな発想ができない」という人もいるかもしれません。しかし、ロジカル・シンキングを必要としない人はいないのです。無人島に隔離されたような人でない限り、他者とまったくコミュニケーションを取らない人はこの世にいません。他者と接したら、自分の言いたいことを説明したり、相手が言ったことをきちんと理解しなければならない場面は誰にでもあるのです。

　ロジカル・シンキングが必要な４つの理由をまとめてみます。
①よい人間関係を築きやすい
　自分の言いたいことを他人にうまく説明するのは意外と難しいことです。相手に説明するのが下手な人に限って、「あの人は物わかりが悪い！」と、伝わらないことを相手のせいにして、その人とコミュニケーションを取ろうとしなくなります。

　逆に、相手の話を聞く際に大切なのは、相手の説明におかしな点があると思ったら、何がどうおかしいと思うのか、うまく質問することです。この質問がうまくできない人ほど、「あの人は何が言いたいのかよくわからない」と、その人の話を聞こう

■ ロジカル・シンキングが必要な４つの理由

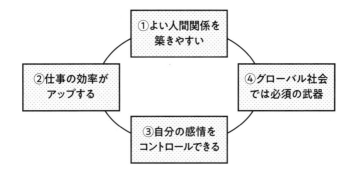

としなくなります。

　ロジカル・シンキングが身についている人は、相手にどう説明すればわかりやすいのか考えることができるため、誰とでもスムーズにコミュニケーションが取れます。また、相手の話がわかりにくくても、相手の話のどこがわかりにくいのかを理解することができれば、質問しながら相手の意図を明確にし、相手の言っていることが理解できます。

②仕事の効率がアップする

　働き方改革が声高に叫ばれる社会では、ダラダラと働くのではなく限られた時間内にこれまで以上の成果を出すことが求められます。この点でもロジカル・シンキングができる人は、何か問題に直面した際に、どうやって解決に導けばよいか**フレームワーク**（３章－５）を使って考えることができるため、無駄な作業時間を省いて効率的に仕事を進められます。フレームワークを使うことができない人は、あれこれと考えて無駄に時間

が過ぎていきます。また、時間がかかって出した結論も相手に納得してもらえず、もう一度最初からやり直して、さらに時間を無駄にします。

　以前、私はレポートを提出する度に上司に駄目出しされ、何度も書き換えたことがあります。当時は何がどうおかしいのかよくわからなかったのですが、あとから振り返ると話があちこちに飛んでいたり、思い込みが激しく、多面的に考察できていなかったように思います。ロジカル・シンキングのスキルがあれば、何回も書き直す時間のロスはなかったと思います。

③自分の感情をコントロールできる

　ロジカル・シンキングは、感情に流されそうになっても、一度立ち止まって考えることができるため、たとえ感情が高ぶったとしても心を落ち着かせることができます。これは、前述した理由①にもつながります。論理的に考えることは、冷静になって客観的に考えを整理することになるので、たとえ一瞬、感情的になったとしても、その気持ちを抑える効果があります。

　最近、パワー・ハラスメントの問題が取り上げられることが多くなりました。今の時代、身体的な暴力より、発言が問題になるケースが多いでしょう。上司が部下に言いたいことがあるときは、ロジカル・シンキングで伝えたいことを整理し、相手が傷つかないように話を組み立てることもできます。

　逆に、部下が上司に対して言いたいことを伝えるときにもロジカル・シンキングは役立ちます。とくに言い訳ぐせがある人は、思いつくことをそのまま口に出してしまいますが、聞いている上司からすると、何が言いたいのかわからずイライラして

しまいます。上司との会話で余計なトラブルを避けるためにも
ロジカル・シンキングは役立ちます。

④グローバル社会では必須の武器

　グローバル社会では外国人とのコミュニケーションが求められますが、そこで必要になるのは、言いたいことを明確に伝えるスキルです。日本では、相手への配慮から言いたいことをはっきり言わず、遠回しに言うことが美徳とされてきました。しかしこのような遠回しな言い方は外国人にはほぼ通じません。

　以前、私がニューヨークに旅行をした際、地下鉄に乗ったときの話です。駅で切符を買おうとしたら、路線図のあちこちに工事中で不通区間であることを示すシールが貼られていました。私は駅員に「ここと、あそこの路線は不通なの？」と質問をしたところ、「で、君はどこに行きたいのだ」と少し不機嫌な様子で聞いてきたのです。私が「○○駅に行きたい」と言うと、「じゃあ、ここから乗車して、ここで乗り換えて……」と、丁寧に説明してくれました。

　私はこのとき、日本人とアメリカ人のコミュニケーションの取り方の違いに気づかされました。アメリカ人は言いたいことや聞きたいことをストレートに話しますが、私は遠回しな質問をしていたので、相手は何が言いたいのかわからずイライラしていたのです。

　ロジカル・シンキングで必要なロジックの組み立て方などの考え方は世界共通のものが多いので、これに従ってコミュニケーションを取れば、お互いの理解が進みやすくなります。

1−3

なぜ学んだことを
活かせないのか？

　ロジカル・シンキングの研修やセミナーを受けたり、本を読んでも、実際の仕事で活かせないのはなぜなのでしょうか？　セミナーや研修で多くの人と話しているうちに、5つの共通した理由があることに気づきました。

理由① 専門用語を覚えただけで学んだ気になっている

　ロジカル・シンキングを学ぶ際に必須である「帰納法」「演繹法」「ＭＥＣＥ（ミーシー）」「フレームワーク」「ピラミッドストラクチャー」「ロジックツリー」などの言葉を覚えただけで、その使い方を理解していないのです。

　たとえばＭＥＣＥという言葉は語呂もよく覚えやすいので「もっとＭＥＣＥに考えるべきですよ」とわかったかのように言うのですが、実はＭＥＣＥというキーワードは覚えていても、その人が論理的になったかというと話は別です。ＭＥＣＥ（3章−3）に考えるとは、考え方に抜け漏れがないか、重複してダブリがないかという意味ですが、肝心のその2つの視点で考えることができていないことがあるのです。

　また、フレームワーク（3章−5）はあるものごとを考えるときに、公式に当てはめれば効率よく整理ができる優れたツールですが、1つの公式に当てはめれば自分は正しいと思い込ん

でしまうのです。世の中には絶対ということはありませんので、1つのフレームワークにとらわれて、がんじがらめにならない柔軟性を持つことも大切です。

理由② あなたの周りの人がロジカル・シンキングを学んでいない

「せっかくロジカル・シンキングを学んでも、うちの上司には通用しないんですよね」という相談も意外と多いのです。くわしく聞いてみると、上司にロジカルに説明をしたら、「屁理屈を言うな」「そんな言葉遊びだけで仕事はできない」などと言われて、まともに議論ができないというのです。

　上司だけでなく同僚や後輩の中にも、残念ながらこのような人たちが多いのも事実です。これはその人が育ってきた環境や、所属してきた組織の文化、その人自身の性格にもよると思います。また、これまでロジカル・シンキングを学ぶ機会がなかったからということもあるでしょう。

　そのような人に対してはロジカルに説明しても通用しないと諦めるのではなく、どのように説明すれば伝わるかを考えます。屁理屈だと思われるのであれば、理屈っぽくならない話の組み立てや説明のしかた、言葉遊びだと思われるのであれば、難しい言葉に頼らず、わかりやすい言い回しを考えます。

理由③ 活かし方がわからない

　ロジカル・シンキングの研修では、付箋に参加者の発言内容を書き出し、模造紙やホワイトボードに貼って整理するような演習をよく行ないます。しかし、「実際は職場でお互いに付箋に

書くことなんてできないですし、ましてや会議で上司に対して今の発言を付箋に書いてくれなんて言えませんよね」という意見もよく聞きます。

　それもその通りで、研修の中で取り組む演習と日常業務とは異なります。仕事中に相手に対して「発言を付箋に書いてくれ」などとは言えません。研修では情報を"見える化"し、整理するための練習をしているのです。実際の仕事の場面でも、自分の頭の中で情報を整理して見える化する必要があります。そもそも頭の中は自分でも見えているようで見えていません。自分にも客観的に見えないことを第三者にわかりやすく説明できるわけがありません。情報をメモ帳やノートに書き出すなどの工夫をして見える化し、言語化したほうがよいでしょう。また、見える化をすれば、第三者に説明するときも伝えやすくなり、相手の理解も得られやすくなります。

理由④ 研修や書籍のケース事例は自社とは関係がないことが多く、自分に当てはめられない

　ロジカル・シンキングの研修では教材やケース事例は自社で実際に起こったものや、将来起こりそうなものを題材にするほうが望ましいと言う人がいます。たしかにそのほうがより身近に感じて取り組みやすいと思います。ただし、それをするには時間もコストもかかります。研修や書籍で紹介されている事例は、どのような企業にも当てはめることができる一般的なものが多いです。身近に感じることができないなどの言い訳をせず、自社であればどうするかを考えることが必要です。

　私は逆に自社とは関係のない一般的な事例で学んでから、自

社に当てはめて考えるほうがより力がつくと思っています。なぜならば、競合他社や他業界で成功している事例があれば、それを分析して自社に当てはめて実行することを実務でやっているからです。自社に当てはめて考え実行するという意味で、一般的なケース事例を使うのは意味があることだと思います。

理由⑤ ロジカル・シンキングを活かせない理由を人のせいにしている

　ロジカル・シンキングを活かせない人の話を聞いていると、誰に対しても同じようなやり方をしていることがあります。これは相手が悪いのではなく、人に応じたやり方をしていない自分が悪いといえます。同じ内容の説明をするにしても、相手に応じた説明をすることが必要です。ある主張を伝える場合、明確な論拠だけを説明すればよい人もいれば、論拠だけでは不十分なので、その証拠を示さなければならない人もいます。また、具体的な説明をたくさんしたほうがよい人もいれば、シンプルなメッセージだけでよい人もいます。

　たとえば、ある説明をするときに、「業界ではこれが標準です」で納得する人もいれば、「業界内では、A社、B社、C社、D社、E社で標準的に採用しています」まで説明を受けないと納得しない人もいます。相手に応じてどのように説明すれば理解してもらえるかを考えなければなりません。

　以上、ロジカル・シンキングを学んでも活かせない5つの理由を説明しました。1つでも思い当たることがあれば、それを克服するよう意識しましょう。

1 −4

ロジカル・シンキングは
思考のすべてではない

　ロジカル・シンキングが重要なのは当然なのですが、ロジカルに考えた結果は万能といえるのでしょうか。ロジカルに考えた結果、導き出された結論であったとしても、それは決して万能とはいえません。次の例で考えてみてください。アルファ社が事業展開している高級フィットネスクラブについて、田中君と近藤課長がキャンペーンの会話をしています。

💡 シーン　高級フィットネスクラブの事業展開について

田中君　「近藤課長、ちょっといいですか？」

近藤課長　「田中君、どうしたんだい。なんだか浮かない顔して」

田中君　「はい、先日から始まった当社のキャンペーンなのですが、クレームが殺到しているのです」

近藤課長　「キャンペーンというのは、入会金無料キャンペーンだね。日々の入会データを見ていると会員数が一気に増えて、絶好調じゃないか。当社としては大成功だよ」

田中君　「はい、その入会金無料キャンペーンのことなんです。当社はフィットネスクラブとしては入会金が 50 万円と高額ではありますが、その代わりに高級な設備や落ち着いた雰囲気で年齢層の高い人から支持されてきたのはご存知だと思います」

近藤課長　「そんなこと私が知らないわけがないじゃないか。それでどうしたんだ？」

田中君　「当社の既存の会員は 5000 人ほどですが、入会金無料キャンペーンを実施してから、クレームが殺到しているのです。すでにコールセンターは会員からのクレーム電話でパンク状態です。対応するスタッフも終わりのないクレーム処理に追われて疲弊しています」

近藤課長　「どんなクレームが来ているんだ？」

田中君　「はい、一番多いのは金を返せというものです。その他には、入会金が無料になると若い人が増えてこれまでの雰囲気が台無しになるので、キャンペーン自体を止めろというものもあります」

近藤課長　「それでいったい、何件くらいのクレームが来ているんだ？」

田中君　「はい、ざっと 100 件は来ています」

近藤課長　「100 件の中には同じ人が何回も電話をしているケースもあるだろう。件数ではなく、人数で数えると何人がクレームを言っているんだ？」

田中君　「人数ベースにすれば 50 人ほどになります」

近藤課長　「50 人か。キャンペーン前の全会員が 5000 人だから、わずか 1 ％の割合だな。それくらいなら、退会してもらっても当社の経営に何ら影響はない。それにキャンペーンを実施してからすでに新規の入会者が 100 人を突破しているんだろ。50 人の穴埋めは十分にできているじゃないか。キャンペーンは続行だ」

田中君　「か、課長……」

　この会話をご覧になってどう思いましたか？　近藤課長の結

論はキャンペーンの続行でした。その論拠は当社の経営に何ら影響はないということです。なぜ経営に影響がないかというと、クレームを言ってくる既存の会員は50人で全体の1％と微々たる数値であるということと、キャンペーンを実施してから新規の入会者数が100人を越えているため、50人の穴埋めは十分にできているということでした。

　近藤課長が出した結論は客観的なデータに基づいて論理的に導き出されたものではありますが、決して正しい意思決定とはいえないでしょう。なぜなら、わずか50人であったとしても、これらの会員に退会してもらうことの影響は計り知れないものがあるからです。人の感情を害してしまった結果、悪い評判が拡散することもありますし、そのような対応がメディアで取り上げられる可能性もあります。また無料で入会した会員により、高級なフィットネスクラブの雰囲気が変わってしまうと、これまで売りにしてきたイメージが変わることも考えられます。

　以上の例でもわかるように、**ロジカル・シンキングは"正しく考えること"であり、"正しく決めること"ではない**のです。ロジカルに考えた結果得られた情報は、意思決定をするための貴重な情報ではありますが、最終的な判断をするのは倫理観、善悪、感情やその他さまざまな影響なども踏まえて判断しなければなりません。

　ロジカル・シンキングが万能であるわけではない例として、少し違う例を取り上げたいと思います。

　これからはＡＩ（人工知能）の時代だといわれています。Ａ

ＡＩは膨大なデータを処理し、自らが学習しながら瞬時に結論を出すことができます。これはまさに人間に代わって正しく考えてくれるロジカル・シンキングの極みです。では、ＡＩの結論が正しいからといって、それに従って私たちが何でも決めてよいのでしょうか。

　ＮＨＫでＡＩ兵器が戦場に送りこまれることによるリスクについて、ショッキングな事実を取り上げて解説していた特別番組がありました。中東を取材するジャーナリストが、米情報機関のＡＩシステムで「テロリスト」と判定され、実際にドローンで攻撃を受けたというのです。その人は命を失うことはなかったのですが、自身はテロリストではないと訴えています。

　もし、ＡＩによる高度な情報処理の結果により、殺人や戦争が起こってしまうと考えると、本当に恐ろしい時代になったと言わざるをえません。こうした事態を防ぐためにも、どこかで人の判断が必要になってくると思うのです。

　話しは少し大げさになりましたが、ロジックに従って出てきた結果がすべてではないというのは以上の例からも明らかです。なぜならばそこには倫理観、善悪、感情やその他さまざまな影響などが考慮されていないからです。だからといって、人間の気持ちだけに頼るのもよくありません。その時々の感情で意思決定することにもリスクがあります。正しい意思決定をするためには、さまざまな影響を考えながら決断をすることが求められるのです。

1−5
目先のことにとらわれず
全体を見る

　みなさんは「木を見て森を見ず」ということわざをご存知ですか？　目の前の1本の木に気を取られてその木ばかり見ていると、森全体のことを忘れて、大きな視点で見落としが起こってしまうということです。つまり「小さなことにとらわれて全体を見渡せていない」という意味です。

　実はビジネスにおいてこのような見落としはよく起こっています。アルファ社の田中君がタピオカ飲料を取り扱ってもらおうと、コンビニのバイヤーに売り込むシーンを見てみましょう。

💡 **シーン　タピオカ飲料をコンビニのバイヤーに売り込む
　　　　途中で質問に窮する田中君**

田中君　「今回は弊社の新商品であるタピオカミルクティーのご提案に参りました」

バイヤー　「タピオカミルクティーは大人気ですね」

田中君　「はい、当社のタピオカは原料のキャッサバを海外で直接買い付けて輸入し、日本で加工しております」

バイヤー　「そうなんですね。タピオカは独特の製造技術がいると思うのですが、御社で可能なのですか？」

田中君　「はい、全国でも有数の食品加工会社と業務提携を結び、タ

ピオカの加工を委託しているのです」

バイヤー 「それは素晴らしいですね。最近ではタピオカの需要が一気に増えたので、仕入れが難しくなってきていると聞いていますし」

田中君 「はい、その意味で安定供給ができると思います。そして、ミルクティーですが、甘さを控えながらも濃厚な味わいのため、女性からの支持も高くなると思います」

バイヤー 「なぜ、女性からの支持が高くなるといえるのですか?」

田中君 「はい、弊社で一般の消費者から100名の女性モニターを募り、試飲をしてもらいました。その後、アンケートに答えてもらった結果、98名から満足の評価を得ることができたのです」

　ここまでは順調だったのですが、バイヤーの質問で状況が一変しました。

バイヤー 「ところで、ベータ社の商品と比べて御社の商品は何が差別化のポイントなんですか?」

田中君 「ベータ社の商品と比べて、おいしいと思います」

バイヤー 「なぜ、ベータ社と比べていおいしいって言えるのですか?　先のモニターへの試飲で飲み比べをしてもらったのですか?」

田中君 (しまった。ベータ社との飲み比べなんかやっていない)

バイヤー 「それに、駅前にタピオカミルクティーの専門店が最近オープンしましたよね」

田中君 「はい、知っています。駅前のタピオカミルクティー専門店は3店目ですから激戦区ですよね」

バイヤー 「じゃあ、それら専門店で提供するタピオカミルクティー

と比べて御社の商品は何が違うのですか？」

田中君 「……」

バイヤー 「それで、そもそもなんですが、ここまでタピオカミルクティーの専門店が出店し、コンビニやスーパーでの取り扱いも増えたので、市場ではすでに飽和状態だと思うのですが、市場の動向はどうなっているのですか？」

田中君 「し、市場動向と言いますと？」

バイヤー 「専門店の出店ペースや消費量などの動向ですよ」

田中君 「タピオカミルクティーは今でも女子を中心に人気ですよ」

バイヤー 「それは、どこの市場データですか？」

田中君 「……」

　さて、いかがですか？　田中君の提案ではバイヤーを納得させることは無理でしょう。田中君は自社商品については原材料の仕入れから食品加工会社との業務提携までくわしく説明ができていました。

　しかし、これだけでは不十分です。競合するベータ社や専門店の商品と比較して何が違うのかも説明しなければなりません。そのためには競合他社や専門店の商品のことをもっと調査すべきです。そして、市場動向について説明できなければなりません。たとえば、タピオカミルクティーの専門店の出店ペースや消費量、コンビニエンスストアやスーパーでの取り扱い状況などの説明です。

　これがまさに「木を見て森を見ず」です。自社商品のことばかり説明しても、それは目の前の木であり、競合他社にあたる横の木を見ていることにはなりませんし、市場全体のことを説明

することができなければ森を見ていることにもならないのです。

　このように、目先のことばかりに目を向けてしまうのではなく、全体を把握してから部分を把握することで、全体と部分の関係がわかりやすくなります。タピオカミルクティーの場合であれば、市場動向を把握すればそもそも飽和状態にあり、競合も多いので、他の商品を提案したほうが賢明かもしれません。

コラム　マクロからミクロ

　全体像を把握してから部分を検討することを「マクロからミクロ」といいます。先ほどの例では市場→競合→自社で説明すると全体から部分への流れとなります。詳細は4章－3で説明しますが、この考え方は漏れもなくダブリもない発想で3Cというフレームワークを使っています。

　3Cとは Customer（市場・消費者・顧客）、Competitor（競合他社）、Company（自社）のことです。3つのCそれぞれを個別に見るのではなく、すべてのCを見なければ全体を見失ってしまうのです。ビジネスプレゼンテーションでも、いきなり細かいことを説明するのではなく、まずは全体像を示し、それから具体的なことを説明しなければ、聴衆はいったい今どこを聞いているのかわからなくなってしまいます。

　また、会社の運営についても同じことが言えます。全社の戦略が決まらないと、各部門は具体的な戦術を立てるこ

とができません。そして、各部門の戦術が決まらないと各担当者は現場で日々どのようにすればよいのか戦闘方法が決まらないのです。全社戦略が明確でないにもかかわらず、現場で何とかしろという会社があれば、社員は好き勝手なことをしてしまい、会社としてバラバラなことをやっていることになります。

このように「全体から個別へ」「マクロからミクロへ」の発想ができると、木を見て森を見ずに陥らないことになります。

■ マクロとミクロ

マクロ：全体を見渡す

全体を見失っている

ミクロ：部分をくわしく見る

部分しか見ていない

1-6

話がかみ合わないとは
どういうことか？

　相手と話がかみ合わないという経験は誰にでもあると思います。かみ合わないのは、問いかけに対して相手がまともに答えていないからです。話し手が聞きたいことに対して、聞き手が答えるべき内容を理解せず、違うことを話してしまうのです。

　これは論理的な思考ができる以前の問題ですが、実際にはよく起こります。このような言い方をすると、「そんなことくらいわかっている」と言われそうですが、日常会話、上司との対話やお客様との対話でも起こります。私が担当する企業研修でもよく起こります。実はディスカッションのレベルが高いと思われるビジネススクールでも起こります。

　たとえば、ビジネススクールのリーダーシップの講義で担当の先生からこのような問いかけがあったとしましょう。

「このケーススタディでは、A社の部長がリーダーシップを発揮したことで、部下が主体的に行動を起こしました。では、この部長のリーダーシップの長所と短所は何だと思いますか」

　先生からの問いかけに対し、次のような発言をする人がいます。

「先生、たしかにＡ社では部長のリーダーシップにより、部下は主体的に行動したと思います。でも、このようなケースは稀で、最近では部下が主体性を発揮するのを期待することは難しいと思います。最近の若手社員を見ると、上司から細かい指示が出るまで動かない指示待ち人間が多いのです」

　上記の生徒の発言は先生の問いに答えておらず、議論の内容がすり替わっています。先生は上司のリーダーシップの長所と短所について質問していますが、生徒は議論の矛先を変えて、最近の若手社員の主体性のなさについて述べています。

　このような場合、先生はどう対応するでしょうか。もちろん、質問の主旨を再度説明し、あらためて答えるチャンスを与えるべきですが、そうなるとは限りません。すべての先生に共通するわけではありませんが、生徒の発言を否定も肯定もせず次の生徒の発言に移ります。

　たとえば、「なるほど、そういう考えもあるのですね。では、他の方は何かお考えはありますか」という具合に"スルー"されます。

「あなたの発言は私の問いに答えていませんので、あらためて上司のリーダーシップの長所と短所について、何か考えがあるかお答えいただけますか」とは、社会人経験が豊富な学生に対して先生からすると言いづらいかもしれませんし、面倒かもしれません。他の生徒が指摘してくれればよいのですが、気心が知れた仲でないと言いづらいものです。「相手の問いに答えているかどうか」ということは、よほどでない限り誰も教えてくれ

ないのです。

　では、どうすれば相手の問いにしっかりと答えることができるでしょうか。私のおすすめは、相手の問い掛けに答えてから「ご質問に答えていますでしょうか」と尋ねることです。発言に対して相手からのコメントが返ってこないときや、反応が悪い場合はこちらから尋ねれば答えてくれます。

　私はどのような場面においても、相手の反応が悪ければ必ず尋ねるようにしています。たとえば、お客様との打合せの際に、相手の質問に答えた後で「ご質問の答えになっていますか？」と確認します。

　本項の内容はロジカル・シンキングとあまり関係がないように思えるかもしれませんが、相手の問いに対して答えないとまともな議論ができないという意味でとても重要です。

コラム　イシューとリサーチクエスチョン

　本項で扱った「問い」というのはとても重要です。問いは「イシュー」とも表現されます。イシューは一般的に「論点」や「課題」などとも表現されます。そもそもイシューが的外れになってしまうと、それに対して出てくる答えも違ったものとなり、議論する意味がなくなってしまいます。

　たとえば、ある会社で売上が下がってきているときの会議ではどのようなイシューの設定ができるでしょうか？「どの商品が足を引っ張っているのか」「なぜ売上が上がら

ないのか」「どのようにすれば売上が上がるのか」など、設定するイシューによって議論の内容が大きく変わってきます。イシューとは問題を解決するために重要な本質の問いかけです。

イシューとは違いますが、大学院などの研究者は研究の前に研究テーマに対する問いを文章で言い表します。その問いを「リサーチクエスチョン」といいます。このリサーチクエスチョンに答えるために研究をするのです。

大学院に入る前に、ゼミで指導を希望する先生に入学の相談をすると、必ず問われるのが「あなたの問いは何ですか」というものです。要するに「あなたは研究で何を明らかにしたいのですか」と聞かれているのですが、あいまいに答えると、「それは研究する意味があるのですか」と厳しい質問が返ってきます。

また、「それを明らかにすることでその研究領域にどのような貢献をするのですか」とも聞かれます。これらに対して明快な答えを述べないと、その先生のゼミには受け入れてもらえません。

入学試験の書類審査でもリサーチクエスチョンを書かなければいけませんし、無事合格してもリサーチクエスチョンを練り直さなければいけません。このリサーチクエスチョンを明確にするだけでも1年、下手をすると2年以上かかることもあります。それだけ問いというのは重要なのです。

1-7

ロジカルな人は言葉や意味のつながりを大切にする

ロジカル・シンキングは英語の「ロジカル（logical）」と「シンキング（thinking）」が合わさってできた言葉です。日本語で直訳するとロジカルは「論理的」、シンキングは「思考」ですね。論理的とはものごとが筋道立ってつながっていることです。思考とは、知的にかつ冷静に考えることです。

この論理的と思考の意味からロジカル・シンキングを定義するのであれば、「ものごとのつながりを筋道立てて、知的にそして冷静に考えること」と言うことができます。

ここで、**つながり**という言葉が出てきましたが、ロジカルに考えるうえでつながりはとても重要なキーワードの1つです。では、つながりとはどういうことか、以下、①〜④までの4点に整理して説明します。

①共通点がある

たとえば、ある公開セミナーの会場にAさんからJさんまで10名の受講者がいたとします（次ページ図）。その中から私と共通点がある人を探します。私は京都出身で、旅行と映画好きです。10名のうちAさん、Bさん、Cさんは京都出身という共通点で私とつながっています。Bさん、Cさん、Dさん、Eさんは旅行好きという共通点で私とつながっています。CさんとGさんは映画好きという共通点で私とつながっています。この

■ 自分との共通点がある人を探す

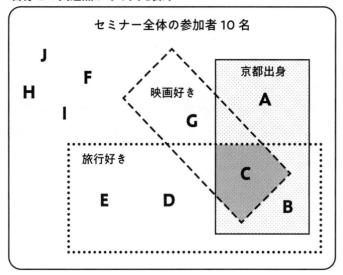

セミナー全体の参加者10名

京都出身

映画好き

旅行好き

J

F

H

I

G

A

C

B

E

D

ように見ると1つの共通点でつながっている人を探すのは簡単
です。

　ところが、2つ以上の共通点でつながっている人を探すのは
少し難しくなります。先ほどの例では、京都出身で旅行好きな
人はBさんとCさんに絞られてしまいます。さらに映画好きも
加え、3つの共通点でつながっている人を探すのはさらに難し
く、Cさんだけになります。このように共通点が多くなればな
るほど、つながりがある人を探すのはとても難しくなります。

　実は、この共通点を探すということは仕事でもよくやってい
るのです。

　たとえば、全国展開をしているコンビニエンスストアで東京

と大阪の店舗だけの売上が伸びているとしましょう。このような場合、なぜ東京と大阪だけの売上がよいのか、他の都道府県とは異なる東京と大阪だけの共通点を探します。その結果、東京と大阪の売上が伸びているのは試験的に導入しているデザートが売れているからだということがわかりました。

さらに、そのデザートを購入しているのは外国人観光客ということもわかりました。これらのことから、このデザートを外国人観光客が多い京都にも展開すれば売上増が期待できることになります。

このように**ロジカルに考えるためのつながりの１つ目は共通点でつながっていること**です。

②順番でつながっている

順番とは言葉（話や文章）の順番です。この順番がつながっていないと、途中で内容が飛んでしまい、話を聞いている（あるいは文章を読んでいる）相手からすると、何を言っているのかわからなくなります。

ロジカル・シンキングの基本に**三角ロジック**（２章−１）という考え方があります。これは「主張」→「論拠」→「データ」が順番につながっています。

たとえば、アルファ社の田中君が今度のボーナスでトヨタのプリウスを買いたいと妻の幸子さんに主張するとしましょう。車を１台買うというのは家族にとってとても大きな出費になります。幸子さんを納得させるためにはどのように主張すればよいでしょうか。ここで、食事中に田中君が幸子さんに対してプリウスの購入を主張するシーンを見てみましょう。

💡 シーン　妻の幸子さんにプリウスの購入を提案する田中君

田中君　「なあ、今度のボーナスでプリウスに買い替えないか？」

幸子さん　「あなた、何言っているのよ。今の車でも十分走れるじゃない。これから子どもの教育費も必要だし。何で、車を買い替えないといけないの。そのプリ…、プリウスだっけ？」

田中君　「そりゃ、家計に優しいからだよ」

幸子さん　「家計に優しいってどういうことよ？」

田中君　「今ならエコカー減税で重量税と自動車税が安くなるし、燃費が今の車の3分の1ほどなんだ。1年に換算すると10万円ほどガソリン代が節約できるんだ。だからプリウスを買おうよ」

　田中君の主張は「プリウスを買いたい」、論拠は「家計に優しいから」、データは「エコカー減税、燃費、1年あたりのガソリン代」となっており、主張からデータまでがしっかりとつながっています。論拠やデータがなく主張だけ繰り返すと、「プリウスを買いたい」「プリウスを買いたい」と単に言いたいことを押し通すかのようになってしまいます。

　上記のような会話だけでなく、文章でも順番が問われます。私が大学院で論文を書くときに先生から「久保田さん、第4章から第5章ですが、章と章のつながりがわかりません。もっとつながるように書いてください」と注意を受けたことがありました。

　これらのようにつながりの2つ目は**言葉と言葉、話と話、文章と文章が順番でつながっている**ことです。

③因果関係でつながっている

　因果関係とは「原因」と「結果」の関係です（2章−8）。原因の「因」と結果の「果」で因果となります。たとえば、ある会社の社員が社用車で事故を起こしたとします。会社に帰ると上司から怒られてしまいました。なぜ上司に怒られたかというと社用車で事故を起こしたからです。この社用車で事故を起こしたことが原因で、その結果として上司に怒られたことは因果関係でつながっています。ロジカル・シンキングではこの**因果関係によるつながりもとても重要**です。

④言葉の持つ意味でつながっている

　言葉の持つ意味でつながっているということを、例を使って説明します。ある会社の営業部では売上が下がっています。その一方で購買部では仕入れ価格が上がっています。営業部と購買部はそれぞれ違う部門ではありますが、全社的に見ると売上が下がり、仕入れ価格が上がっていることから、この会社では利益が下がっているということがわかります。

　この関係は「売上減」と「仕入価格増」で「利益減」という言葉の意味でつながっています。**意味でつなげるためには、どの言葉とどの言葉を組み合わせるか、そこから何が言えるのかを考えなければなりません**。

　以上、4つのつながりを説明しました。ロジカル・シンキングでは、これらのようにものごとのつながりや、言葉と言葉のつながりを考えることがとても重要となります。

1-8

「で、結局何が言いたいの」と 言われないコツ

　職場で上司や同僚と話をしていて「で、結局何が言いたいの？」とか、「で、結局どうしてほしいの？」などと言われたことはありませんか。

　一例として、アルファ社の田中君が近藤課長と会話しているシーンをご覧ください。

💡 シーン　田中君が近藤課長に社員の電話応対について提言

田中君　「近藤課長、最近当社のことで思うことがあるんですけど」

近藤課長　「どうしたのかな？」

田中君　「実は先日、お客様から電話があって、当社の電話に出る社員の応対が悪いとクレームを受けたのです」

近藤課長　「そうか、そんなことがあったのか」

田中君　「そういえば、私も出先からオフィスに電話をしたときに、電話に出た人の応対が面倒くさそうにしていると思えました」

近藤課長　「そうか、私はそのような声を聞いたことはないけどな」

田中君　「しかも、電話に出るときは本来3コール以内に出るのがビジネスマナーだと思うのですが、当社は5、6回鳴っても平気で出ないですよね」

近藤課長　「……。で、君は何が言いたいのだ」

この場合、なぜ田中君は近藤課長をイライラさせてしまったのでしょうか。近藤課長からすると、田中君の話は問題を羅列しているだけにしか聞こえません。近藤課長が「何が言いたいのか」と言うのは、話のゴールが見えないからです。では、この会話の場合のゴールとは何でしょうか。

　ここで考えられるゴールは、近藤課長に何らかの行動を起こしてもらうことでしょう。たとえば、「社員の電話応対時のマナー改善を促してほしい」「当社の電話応対のマニュアルを作成してほしい」「○○さんの電話応対の態度が悪いので何とかしてほしい」などが考えられます。

　ところが、変に気を使ってしまい、近藤課長に対して思いをストレートに伝えることができていないのです。これでは、察しのいい人でない限り、田中君の本音に気づいてもらうことは難しいでしょう。このような遠回しの言い方は、かえって相手をイライラさせてしまいます。自分が何を言いたいのか明確にしておかないと、相手は愚痴を聞かされているだけの状態なので、「で、結局どうしたいの？」という気持ちになります。

　「結局、何が言いたいの？」とよく言われる人は、聞いている側からするとゴールが見えないのです。話し手としては相手にどうしてほしいのか、話のゴールを明確にしなければなりません。

　ただし、友達との飲み会や、家庭での日常会話では必ずしもそうする必要もありません。

　先ほどの近藤課長との対話を飲み会の席で同僚の小野君と話しているとしましょう。

♀ シーン　田中君と同僚小野君の飲み会での会話

田中君　「うちの社員は電話応対が悪くってさぁ、得意先からの評判が悪いんだよな」

小野君　「そうそう、わかるわかる」

田中君　「それに自分が外出先からオフィスに電話したときなんか、まったく愛想がないんだよね」

小野君　「それって、ひどいよね」

田中君　「ビジネス電話は3コール以内に出るのが、ビジネスマナーでしょ。うちは5回も6回も鳴り響いているよ」

小野君　「そりゃ、お客様もイライラするよね」

　このように同僚の小野君との居酒屋での会話はゴールがなくてもさほど問題になりません。小野君との飲み会では「あーだ、こーだ」と、たわいもない会話を楽しむことが多いでしょう。会社での近藤課長との会話とは、そもそも状況が違うことを認識しておきましょう。

　では、同じ小野君であったとしても、業務中に次のように話しかけたら相手はどう思うでしょうか。

♀ シーン　田中君と同僚小野君の職場での会話

田中君　「先日の会議は疲れたなぁ」

小野君　「大変だったね。お疲れさま」

田中君　「部長の大演説会を聞いているようなものだったんだ」

小野君　「いつもと同じ演説ね」

田中君　「明日もまた会議なんだ」

小野君　「それは仕事にならないね」

田中君　「資料作成もいっぱい溜まっているし」

小野君　「それは溜め込まないほうがいいよ」

田中君　「こんなときに限って、ハラスメント研修に参加しないといけないんだ」

小野君　「……。で、僕にどうしろって?」

　小野君はなぜイライラしているのでしょうか。もうおわかりですね。会話にゴールがないからです。部長の大演説会について文句を言っていますが、部長の大演説を止めさせるのは、そう簡単ではありません。では、小野君に会議に代理で出席してほしいのか、溜まっている資料作成を手伝ってほしいのか、ハラスメント研修に代理で参加してほしいのか、もしくは単に愚痴を聞いてほしいのか不明です。このような場合、何かお願いごとをすることもゴールですが、愚痴を聞いてもらって溜まったうっぷんを晴らすのもゴールです。

　ただし、愚痴を聞いてもらってうっぷんを晴らしたいのであれば、そのゴールを最初に伝えておかないと相手はどうすればよいのか対応に困ってしまいます。「ちょっと、愚痴を聞いてもらえるかな。色々とあってうっぷんを晴らしたいんだ」とゴールを伝えると、小野君はじっくり時間をとったほうがよいと思って「後でゆっくり聞かせてもらうね」となり、その場でイライラさせることもないでしょう。

2章

ロジカルに
「考える」ための基本

2-1

ロジカル・シンキングの第1歩は 三角形で考えること

　1章で簡単に触れましたが、ロジカル・シンキングでは、つながりが大切だとお伝えしました。とくに「主張」「論拠」「データ」をつなげる三角ロジックは話を組み立てる際の基本になりますので、ここであらためて説明します。

　三角ロジックは、三角形のそれぞれの頂点に「主張」「論拠」「データ」の3つがあり、この3つのつながりを意識して言いたいことを整理するものです（次ページ図）。

　三角ロジックでは最初に主張を述べます。聞いている相手はその主張を聞くと「なぜそんなことを言うの？」「その理由は何？」という問いが頭に浮かびます。そこで、その問いに対して「論拠」で明確な理由を述べます。論拠を聞くと、聞き手はそれが本当かどうか、具体的なデータ（事象・事実）を知りたくなります。データなしに論拠を述べることはできません。

　では、ここで以前からパソコンの買い替えを希望していた田中君が、近藤課長に新しいパソコンを購入してほしいと主張するシーンを見てみましょう。パソコンを購入してほしいと主張すれば、当然近藤課長はその理由を知りたくなります。そこで田中君は「業務に支障が出ているから」と論拠を述べます。この論拠だけでは近藤課長は納得しません。業務に支障が出てい

■ 三角ロジックの３つのつながり

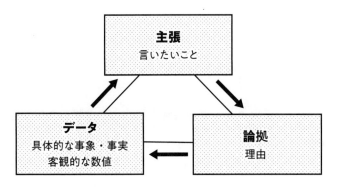

るることを、具体的なデータで証明する必要があります。業務に
支障が出ていることを証明するためには、立ち上がりまでの時
間が長い（例：電源を入れてから立ち上がるまで５分かかる）、
すぐにフリーズする（例：１日に５回ほどフリーズするので、
作業が中断する）、メモリが小さい（例：１度に多くの資料を開
けない）などを示す必要があります。

💡 シーン　三角ロジックを正しく使って主張した田中君

田中君　「近藤課長、私のパソコンを買い替えてもらえないでしょう
か。なぜかというと、業務に支障が出ているからです。具体的には
電源を入れてから立ち上がるのに５分はかかります。そして１日に
５回はフリーズするので作業が中断してしまいます。さらにメモリ
が小さいため１度に多くの資料を開くことができないのです。パソ
コンを買い替えてもらえないでしょうか」

このように「主張」「論拠」「データ」の順番で説明し、最後は「主張」で締めくくると言いたいことがはっきりと伝わります。これが逆に「データ」「論拠」「主張」の順番だとどのような印象に変わるでしょうか？

💡シーン　三角ロジックの順番を間違えて主張した田中君

田中君　「近藤課長、私のパソコンですが、電源を入れてから立ち上がるのに５分はかかります。１日に５回はフリーズするので作業が中断してしまうのです。さらにメモリが小さいため１度に多くの資料を開くことができません。どうも今のパソコンでは私の業務に支障が出てしまうのです。よろしければ、私のパソコンを買い替えてもらえないでしょうか？」

　いかがですか？　最初にデータを羅列すると、遠回しに主張を言っている印象があります。聞いているほうからすると、最初にパソコンの状況をあれこれ言われても愚痴を聞いているようで、イライラします。
　このように主張・論拠・データを順に並べて説明する三角ロジックを使った話し方は、言いたいことを伝えるための基本となりますのでぜひ活用してください。

コラム　PREP法

　三角ロジックは、プレゼンテーションの世界では「PREP法」といいます。PREP法は Point、Reason、Example、

Point の頭文字を取ったものです。Point は言いたいこと「主張」、Reason はその理由「論拠」、Example は具体的な事実・事例・状況などの「データ」です。そして最後にもう1度 Point「主張」を述べて締めくくります。

　ビジネスにおけるプレゼンテーションは、限られた時間で、いかに自分の言いたいことを短く伝えるかが問われます。相手はあなたの説明を聞くのに多くの時間を割いてはくれません。そこで、自分が言いたいことをきちんと整理する必要があります。ＰＲＥＰ法は言いたいことを簡潔に整理することができる優れたツールです。使い慣れないと面倒かもしれませんが、慣れれば自分が言いたいことが整理できるだけでなく、相手の言いたいことを整理しながら理解することにも役立ちます。

　私は相手の話を聞くときは、頭の中にＰＲＥＰの箱ができます。相手の話を聞きながら、「今、この人は Example を述べているな、Point がまだ出てこないな」などと、箱の中に相手の発言を当てはめながら聞くようにしています。

2-2
まとめると
何が言えるのか考える

　私の研修の受講生に、実際に職場で三角ロジックを使った感想を聞いてみると、うまく使えていないという話を聞くことがあります。ここでは、三角ロジックがうまく使えない代表的な2つの理由を説明します。

　1つ目の理由は論理の飛躍です（次ページ図中の①）。私の研修の受講生、田中君の話し方を例に説明します。

💡 シーン　論理が飛躍した発言で後輩を怒らせた田中君

田中君　「前回の研修で習った三角ロジックなんですけど、早速後輩の佐藤君との面談で使ってみました。佐藤君からは話し方が論理的でわかりやすいという反応があると思ったのですが、逆に佐藤君は気分を害したみたいです」

私　「えっ、佐藤君とどのような話をしたのですか？」

田中君　「最近、佐藤君が複数のお客様から何回かお叱りを受けたのですが、佐藤君に対して三角ロジックを使って注意をしたところ、私に対して『たとえ先輩といえども、それは非常に失礼な言い方です。私はとても傷つきました。後輩に対する配慮がありません』と言ってきたのです」

私　「具体的にはどのような言い方をしたのですか？」

■ 適切な抽象化

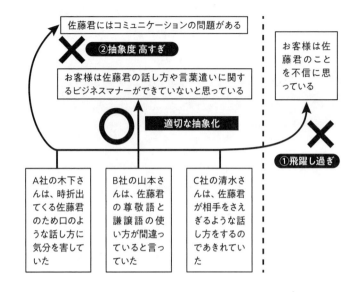

田中君 「はい。『佐藤君、お客様との商談では話し方に気をつけたほうがいいよ。なぜならば、お客様は君に不信感を持っているよ。たとえばA社の木下さんは、時折出てくる君のため口に気分を害していたな。B社の山本さんは、君の尊敬語と謙譲語の使い方が間違っていると言っていた。C社の清水さんは、君の相手をさえぎるような話し方に対してあきれていたよ。だから、話し方には気をつけたほうがいいよ』という言い方です」

私 「なるほど。研修で学んだ三角ロジックに従ってしっかりとした文章の構成になっていますね。でも、その言い方だと、後輩の佐藤君が傷ついて気分を害するのも仕方ないですね」

田中君 「えっ、いったい私の言い方のどこが悪いのですか?」

私　「佐藤君が気分を害したのは『お客様は君に不信感を持っているよ』のひと言があったからだと思います。このひと言は佐藤君に対する３人の発言をまとめて表現するのに適切な文章でしょうか？」

　さて、３人の発言をまとめて適切に表現するにはどうしたらいいでしょうか？

　どうまとめるか考えてみましょう。

私　「３人の発言から『お客様は君に不信感を持っている』を導き出したと思いますが、ここに論理の飛躍があります。３人の発言をまとめて、適切に言い表すのであればどのような文章がいいと思いますか？」

田中君　「そうですね。いずれも佐藤君の話し方や言葉遣いに関する内容ですね。そうすると、『取引先のお客様は君の話し方や言葉遣いに関するビジネスマナーができていないと思っている』だといかがでしょうか」

私　「はい、そのほうが３人の発言の趣旨が含まれていますし、論理の飛躍もないですね。それを『お客様は君に不信感を持っているよ』と言ってしまうと、３人の発言の内容からかなり飛躍してしまい、それを言われた佐藤君もなぜそこまで言われるのかと気分を害するのも当然ですね」

田中君　「なるほど、論理の飛躍とはそういうことなんですね」

　以上は三角ロジックがうまく使えていない理由の１つで、論理が飛躍するパターンです。様々な情報をもとに推論した結果、もともとの情報とはかけ離れてしまい、違った意味になってし

まうのです。

　2つ目の理由は抽象度がいっきに上がり、言いたいことが漠然とし過ぎることです（53ページ図中の②）。では、先ほどの例で考えてみましょう。

「A社の木下さんは、時折出てくる君のため口のような話し方で気分を害していた」
「B社の山本さんは、君の尊敬語と謙譲語の使い方が間違っていると言っていた」
「C社の清水さんは、君の相手をさえぎるような話し方に対してあきれていた」

　これらを、たとえば「君にはコミュニケーションの問題がある」とまとめてしまうのは適切といえるでしょうか？　すべてコミュニケーションの問題ではありますが、それだけでは抽象的で漠然とし過ぎています。昨今、何でもコミュニケーションの問題と片づけてしまう風潮があるように思いますが、それでは具体性に欠けています。　重要なのは、元の情報の意味を失わないように、できるだけ具体的に考えることです。

コラム　帰納法と概念化

　先ほどの例では、A社の木下さん、B社の山本さん、C社の清水さんの発言をまとめて何が言えるのか考えました。この考え方を「帰納法」といいます。帰納法とは、似通った情報から何が言えるのかを推論することです。特定

の情報だけにとらわれたり、細かい議論に終始するのではなく、大きな視点でものごとを考えるのがコツです。帰納法は「帰って納める」と書くように、具体的な事象やデータを集約し、推論すると一般的な傾向や結論に納まるという意味です。

　それに対して、「概念化は具体的な事象やデータの集まりから、そこに共通する性質や関係を取り出して抽象化することです。概念化の場合、抽象化していくと限りなく簡潔な言葉に集約されます。

　両者の違いを、下記３人の若者の発言をもとに説明しましょう。

Ａ：「みどり地区に在住の木下さんは職業に就いていない」
Ｂ：「みどり地区に在住の山本さんは職業訓練を受けていない」
Ｃ：「みどり地区に在住の清水さんは学校に行っていない」

　木下さん、山本さん、清水さんのことを、ひと言で「ニート」という言葉で言い表せます。これが概念化です。また、３人の発言から「みどり地区は就業環境が悪い」と推論できます。これが帰納法です（この両者は混同して使われていることもある）。

2-3

事実と意見は分けて考える

　三角ロジックを使っても、思わぬ落とし穴に陥ることがあります。ここでは注意しておきたい点を説明します。

　私がお手伝いしている企業の役員が、若手社員の報告の最中に必ず質問することがあります。どんな質問かというと、「それは、お客様がそうおっしゃったの？」「あなたがそう思ったの？」という質問です。この役員が質問に込めている意図は何だと思いますか？　もし、あなたがこれと同じような質問をされたことがあるとしたら、気をつけなければなりません。

　この役員が社員に聞きたいのは、「それは事実なの？」それとも「あなたの意見なの？」ということです。報告の際は事実と意見を分けなければ、状況の本質がわからなくなるのです。

　具体的な例で考えてみましょう。アルファ社の田中君が、新しく取引をしようと営業攻勢をかけているロジカル商事との進捗状況について、上司の近藤課長に報告しているシーンです。

💡 シーン　新規開拓の進捗状況を上司に報告する

田中君　「今、積極的に新規開拓のアプローチをしているロジカル商事ですが、近いうちに当社と取引が開始できる可能性が高くなりました」

近藤課長 「それはよかったな。よく頑張った。では、なぜそのように思うのかな？」

田中君 「はい、当社の商品に関心を示しているからです」

近藤課長 「ほう、そうなのか。では、具体的にはどのような商品に関心を示しているのかな？」

田中君 「はい、当社の定番商品Ａについて先日メールで質問をいただきましたし、Ｂについてはサンプルがほしいと電話がありました。さらにＣにも関心を持っているはずですし、来年発売予定の新定番商品Ｄにも好感触を示すと思います」

　もしあなたが上司なら、この会話を聞いてどう思うでしょうか？　三角ロジックで整理してみましょう。

　主張は「ロジカル商事は近いうちに当社と取引を開始する可能性が高い」、論拠は「当社の商品に関心を示している」です。この論拠を導くデータは、「商品Ａに対してメールで質問をされた」「商品Ｂに対してサンプルがほしいと電話をもらった」「商品Ｃに対して関心を持っているはず」「商品Ｄに対しても好感触を示すと思う」の４つです。

　この４つのデータには事実と意見が混在しています。商品ＡとＢについては明らかな事実ですが、ＣとＤについては「はず」や「思う」であり、自分の意見です。お客様の発言という明らかな事実ではなく、「お客様は当社商品に関心を示している」のような田中君の個人的な意見では、近藤課長が信用できないのも無理はありません。

　このような報告は、どの会社でもよく見かけます。話している本人は気づかないのですが、自分の主張をもっともらしくし

ようとするあまり、説明する事実が見当たらないと、勝手に自分の意見を述べて、それをベースに論拠を作りあげてしまうのです。若手社員が上司との対話の中で、上司に詰め寄られたときや、自分の立場が悪くなりそうになったときに、このような発言をする傾向があります。

　アルファ社の人事部の松下さんも中村部長に質問されて、つい、次のような発言をしてしまっています。

💡 シーン　人事部の松下さんが新規採用について中村部長に説明をする

中村部長　「松下さん、来年４月入社の採用人数の最終見込みはどうだ？　計画通り５人は大丈夫かな？」

松下さん　「はい、計画通り５人は採用できます」

中村部長　「おー、そうか。それは素晴らしい。なぜ、そう言い切れる？」

松下さん　「はい、Ａさんは内々定を出したところ、その場で承諾してくれました。Ｂ君は当社と競合他社とで迷っているようですが、よい返事が返ってくると思います。Ｃ君は内定式に出席するため、ホテルと新幹線の予約をしてほしいと依頼がありました。Ｄ君は大学の先輩が当社にいるようで、このまま接点を持ち続ければ大丈夫です。Ｅさんは当社と競合他社の内定がありましたが、先日、他社の内定は断ったとわざわざ私宛てに電話がありました」

　松下さんの発言には、事実と意見が混在しています。事実はＡさん、Ｃ君、Ｅさんの３人についてで、意見はＢ君とＤ君に

ついてです。Ａさんは内々定を出したところ「その場で承諾してくれた」という事実、Ｃ君は内定式に出席するため「ホテルと新幹線の予約をしてほしいと依頼された」という事実、Ｅさんは「他社の内定は断ったとわざわざ私宛てに電話があった」という事実です。

　それに対して、Ｂ君とＤ君については、事実ではなく松下さんの意見です。Ｂ君から「よい返事が返ってくると思います」と思うのは松下さんであり、Ｂ君がよい返事をしたという事実はありません。Ｄ君は「このまま接点を持ち続ければ大丈夫です」と思うのも松下さんであり、自分で勝手によいほうに考えているだけです。

　このように事実と意見が混在すると、聞いているほうは混乱します。もし、あなたが報告を受ける立場であれば、このような報告を受けた際は「それは事実なのか、それとも君の意見なのか」と確認しなければなりません。しかし、そうストレートには聞きづらいものです。そのようなときは**「それはいつ？」「それは誰が言ったの？」と２つの質問をすれば事実関係を確認することが可能**です。いわゆる５Ｗ１Ｈの中の When と Who のことです。本来であれば５Ｗ１Ｈの「いつ」「どこで」「誰が」「何を」「なぜ」「どのように」と質問をしたいところですが、事実か意見なのかを判別するのはこの２つで十分です。

　念のためにお伝えしますが、自分の意見を言ってはいけないということではありません。むしろ、自分の意見ははっきり言うべきです。ただし、事実と意見が混在する話し方は聞く相手が混乱するので、きちんと分けて発言しましょう。

2−4
言いたいことに関係ない 情報が混ざっていないか？

　三角ロジックで論拠を導く際は、意見ではなく事実を用いることが重要です。ところが、あちこちから事実を引っ張ってきても、その事実が論拠と関係がないと、主張全体として意味をなさないことがあります。

💡 シーン　どこかおかしい田中君の主張

田中君　「近藤課長、今期の営業活動は販売金額が大きい上位10社に絞りましょう」

近藤課長　「どうしてそう思う？」

田中君　「はい、当社の営業効率が悪化しているからです」

近藤課長　「営業効率が悪化している？　具体的に何が起こっているかわかるか？」

田中君　「はい、この3年の間で営業部員が30人から20人に減りました。しかも、その間は新規の採用が見送られており、人員の補充がありません。それに対して、競合他社は営業部員を増員しているのです。また、新規開拓の方針を受けて、小規模の得意先が20社から50社に増えてしまいました。さらに、新商品の評判が悪いのです」

近藤課長　「……」

さて、近藤課長の立場になって、この「……」で何と言うか考えてみてください。田中君の説明を聞いて納得してはいけないのです。みなさんが近藤課長であれば、相手の説明に質問をしなければなりません。では、何がおかしいのでしょうか？

　田中君は「営業効率が悪化している」という論拠を導き出していますが、その論拠を導き出す事実の中に、「競合他社は営業部員を増員している」「新商品の評判が悪い」など、論拠とは関係のない要素が含まれています。

　次ページ図のように営業効率を分母と分子に分けて考えると、「営業部員が30人から20人に減った」と「新規の採用が見送られている」という事実は分母です。「小規模の得意先が20社から50社に増えた」というのは分子です。つまり、営業担当者1人あたりの得意先数が増えているため、営業効率が悪くなったという説明として成り立ちます。

　ところが「競合他社は営業部員を増員している」という事実はどうでしょうか？　これは当社の営業効率が悪化している理由を導き出す事実としては使えないのです。競合他社が営業人数を増やそうが減らそうが、当社の営業効率に直接的には影響を及ぼしません。あなたが近藤課長であれば、

「ちょっと待って。競合他社が営業部員を増やしたことと、当社の営業効率が悪化していることとはどういう関係がある？」

　と質問すべきです。この質問に対して、

「競合他社が営業部員を増やした結果、私が担当する得意先への訪問

■ 情報から何が言えるか

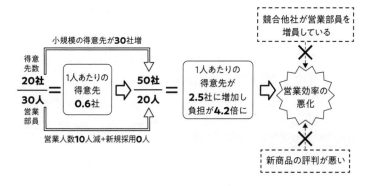

頻度を週1回から3回に増やして営業攻勢をかけているのです。私としてはこの状況を放置するわけにはいきませんので、私もこれまで週に1回だった訪問回数を3回に増やしたのです。そのため、営業効率が悪くなりました」

　という説明ができれば、競合他社が営業部員を増やしたことも事実として使えます。

　では、「新商品の評判が悪い」に対して、あなたが上司ならどのような質問をしますか？　この場合も、

「ちょっと待って。新商品の評判が悪いことと、当社の営業効率が悪化していることとはどういう関係がある？」

　と質問すべきです。この質問に対して、

「新商品の評判が悪いので、これまで以上に得意先へ訪問し、新商品の説明を繰り返し行ない、何とか取り扱ってもらえるように商談を

しています。そのため営業効率が悪くなりました」

と説明できれば、新商品の評判が悪いことも事実として使うことができます。

このように相手の発言がおかしいと思ったら「ちょっと待って」と質問を投げかけることが大切です。

コラム　ファクトベース思考

ロジカル・シンキングでは「ファクト」や「ファクトベース思考」という言葉がよく出てきます。ロジカル・シンキングが定着した会社で議論をしているとよく「それってファクトなの？」「まずはファクトを明確にしよう」などという発言が出てきます。これは説明するまでもなく「事実」という意味です。

個人の意見や感想、あるいは想像ではなく、事実をベースに議論しようということです。

会議ではつい熱くなって、気持ちでぐいぐい押してしまうことがあります。冷静さを失った個人の感情に流されて、意思決定をするのは危険です。あくまでも事実をベースに考えなければなりません。事実とは過去に起こったことや、現在の状況のことです。

では、将来の可能性は事実でしょうか。「将来このような可能性がある」と現在認識していること自体は事実ですが、将来の可能性は事実ではありません。将来のことはファクトをベースに帰納的に推論することになります。

2-5

目上の人が言うから
正しいは本当か？

　私がクライアント企業に訪問して若手社員とお話しするとき、「上司が駄目と言っていますので難しいと思います」という言葉をよく耳にします。これを言われてしまうと、こちらも次に返す言葉がなくなります。何かを断るときや、何かを諦めるときの決めゼリフとなってよく出てくるのです。

　そんなとき私が「でも、それは上司が言っているだけであって、本当にそれが正しいと思いますか？」と質問すると、「だって、上司が言うのですから……」となって堂々巡りになります。近藤課長も「駄目」と言いがちな上司のようです。

💡 シーン　過去の経験だけで結論づける近藤課長

近藤課長　「どうもこのままでは今期の販売計画も未達に終わってしまうな。君は営業担当者としてどうするつもりだ？」

田中君　「はい、新規開拓が必要だと思います」

近藤課長　「では、どの企業をリストアップしているのだね？」

田中君　「はい、まずはＡＢＣ商事です。この会社は大手で売上規模が大きいにもかかわらず、まだ当社との取引実績がありません。私としては、ここにアプローチをしたいと考えています」

近藤課長　「ＡＢＣ商事か。これだけは言えるが、ＡＢＣ商事との取

引は絶対に無理だな」

田中君　「え、どうしてですか?」

近藤課長　「ＡＢＣ商事は君の前任者もアプローチしたのだが、まったく歯が立たなかったのだよ」

田中君　「そんなことがあったのですね。でも、私なりのプランがあります」

近藤課長　「君にプランがあるのはわかるが、実は私が係長時代にもアプローチしてよいところまでいったのだが、最後の最後にひっくり返されてしまったのだよ」

田中君　「そうなんですね。でも実は私には元ＡＢＣ商事の阿部さんという知り合いがいるので、阿部さんの元部下を紹介してもらえます」

近藤課長　「紹介営業か。紹介はしてもらえるけど、その後は何も進展しないからな」

田中君　「……」

　さて、あなたが部下ならどう思うでしょうか。近藤課長は典型的な「ああ言えばこう言う」タイプの上司です。では、なぜ近藤課長は自信を持って自分の考えを正当化することができるのでしょうか?　それは、近藤課長が蓄積してきた経験によるものです。つまり、近藤課長の長年の営業経験が絶対的な基準となり、その基準に照らし合わせることでものごとの判断がなされてしまうのです。

　では、先ほどの例を図示して考えてみましょう。実は、この場合も次ページ図のように、三角ロジックで説明できます。

■ 絶対的な基準をもとにした主張①

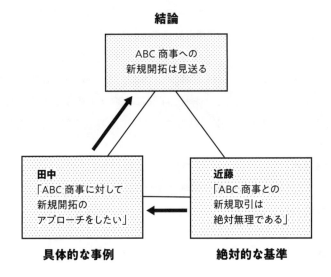

結論

ABC 商事への
新規開拓は見送る

田中
「ABC 商事に対して
新規開拓の
アプローチをしたい」

近藤
「ABC 商事との
新規取引は
絶対無理である」

具体的な事例　　　　　　**絶対的な基準**

　まずスタートは絶対的な基準です。この会社にはＡＢＣ商事
との取引については絶対的な基準が存在し、何をするにもこの
基準に照らし合わされてしまいます。田中君が「ＡＢＣ商事に
対して新規開拓のアプローチをしたい」と提案しても、この基
準に当てはめられてしまうと、結論は「ＡＢＣ商事への新規開
拓は見送りだ」となってしまうのです。

　このようなことは様々な場面でよく起こります。アルファ社
では現在、即戦力となる営業職を探しています。ところが、な
かなかよい人材の応募がありません。そんな中、ある応募者が
田中君の目に留まりました。田中君はこの人を採用してもよい
と考えており、近藤課長に相談しました。

♀ シーン　新規採用を近藤課長に相談する田中君

田中君　「近藤課長、営業職の中途採用で相談があるのですが」

近藤課長　「おお、よい候補者は見つかったかね？」

田中君　「はい、大手メーカーで5年間人事の採用部門で働いていた、谷本さんという方から応募がありました。谷本さんは新卒と中途の採用を5年間担当しており、年間に500人もの学生や社会人と面接をしてきたキャリアの持ち主です。つまり5年間で累計2500人です」

近藤課長　「そうか、で、その谷本さんは営業職の経験はあるのかね？　営業経験がない者は当社で営業は務まらないぞ」

田中君　「いえ、残念ながら営業の経験はありませんが、採用面接で培ったコミュニケーション能力があります」

近藤課長　「でも、谷本さんは採用する側だから、志望動機とかお決まりの質問を投げかけるだけなんだろ？」

田中君　「はい、それもありますが、最近では応募者も会社を見きわめるために色々な質問をしてくるのです。たとえば会社の雰囲気や上司部下の関係、どのような人事制度や教育制度があるかといった質問が出てきます。面接をする側は、相手が納得できるように答えないといけないのです。つまり、谷本さんが5年間で毎年500人、累計2500人もの人と面接をしてきた実績は、営業としても十分通用すると思います」

近藤課長　「他には応募者はいないのか？」

田中君　「はい、他にもう1人服部さんという営業経験者からの応募がありました。服部さんは商社で営業経験が2年ありますが、どうやら営業成績はよくなかったので、立場が悪くなって転職活動をしているように思えます」

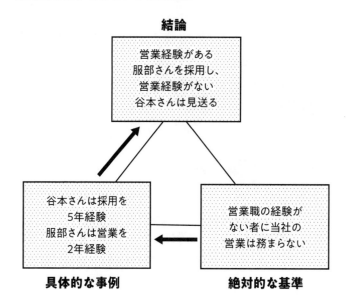

近藤課長 「商社で２年か。まだ実績が出ていないのは、若いという証拠だ。服部さんのほうがまだまだ可能性はあるんじゃないか？何度も言うが、営業経験がない人に当社の営業職は務まらないんだよ」

田中君 「は、はい、では、商社での営業経験がある服部さんにしましょうか……」

　この例も先ほどと同じく、三角ロジックで整理してみましょう（上図）。

　この場合、絶対的な基準は「営業職の経験がない者に当社の営業は務まらない」です。そして、具体的な事例は２つありま

した。1人目は大手メーカーで人事の採用部門を5年間経験してきた谷本さんと、2人目は商社で営業職を2年経験した服部さんです。この2つを絶対的な基準に当てはめて導かれた結論は「営業経験がある服部さんを採用し、営業経験がない谷本さんの採用は見送りだ」となります。よいか悪いかは別にしてこの絶対的な基準には強い力があるのです。

コラム 演繹法と三段論法

　三角ロジックを使えば、話をわかりやすく整理できます。すでに説明したように、その1つに帰納法がありました。帰納法は具体的な事例から推論して一般的な傾向を導くものでした。帰納法と逆の方法論で結論を導くのが「演繹法」です。演繹法は原則・ルール・絶対的な基準に、観察事項つまり個別具体的な事象やデータを照らし合わせて必然的に結論を導き出します。

　演繹法のことを「三段論法」ともいいます。三段論法では、原則やルール、絶対的な基準のことを大前提、観察事項である個別具体的な事象やデータを小前提といい、大前提に小前提を照らし合わせることで結論を導き出します。

　演繹法（三段論法）を使うと絶対的な基準に照らし合わせるため、導かれる結論は必然的に1つとなり、その結論に対して相手は反論できなくなってしまいます。そのため、大前提は疑いの余地がないものでなければいけないのです。

2-6
ああ言えばこう言う人を論破する

　多くの人は、「ああ言えばこう言う」タイプの人に出くわしたことがあると思います。このような人は、自分の中で揺るぎのない大前提（絶対的な基準）を持ち、それを論拠にこちらを言いくるめようとします。

　その大前提が疑う余地のない、絶対的なルールとして誰もが認めるものであれば、それに打ち勝つことはできません。ただし、その大前提が絶対的でなければ、相手に反論できます。

　アルファ社の田中君がＡＢＣ商事の新規開拓を近藤課長に提案している例で考えてみましょう。

　アルファ社では「ＡＢＣ商事との新規取引は絶対に無理である」という基準があり、それが近藤課長の頭に深く根づいています。そのため、この基準を真っ向から否定するのは困難です。

　そこで、その絶対的な基準を導いた過去の出来事に目を向けます。その出来事から本当に絶対的なルールが導き出せるのか、もしかしたらそこに矛盾があるかもしれないので、そこを指摘すれば絶対的な基準を崩すことが可能です。

　「ＡＢＣ商事との新規取引は絶対に無理である」を導いた過去の出来事は「ＡＢＣ商事は君の前任者もアプローチしたのだが、まったく歯が立たなかった」「近藤課長が係長時代にアプローチ

してよいところまでいったのだが、最後の最後にひっくり返されてしまった」「紹介営業の後は何も進展しない」の３つです。これら３つで「ＡＢＣ商事との新規取引は絶対に無理である」という絶対的な基準は成立するでしょうか？

　まず、明らかなのは、ＡＢＣ商事にアプローチしたのは、前任者と当時係長だった近藤課長の２人です。わずか２つの出来事だけで、「ＡＢＣ商事との新規取引は絶対に無理である」と結論づけるのは早計です。この会社のすべてのセールスパーソンや社長を含む経営陣、さらには様々なネットワークを使ってアプローチをした結果、まったく歯が立たないのであれば納得できますが、前任者と近藤課長の２人だけではこのような結論を出すことはできません。部下としてはそこを指摘すべきです。ただし指摘の仕方によっては、近藤課長の気分を害することになるので、言い方には気をつけなければなりません。たとえば、近藤課長に対して下記のような言い方ができます。

💡 シーン　近藤課長の気分を害さずに提案する田中君

田中君　「前任者と近藤課長がアプローチしたにもかかわらず、新規開拓できなかったのですね。ただ、私としては、総勢20名のセールスパーソンを擁する当社において、前任者と近藤課長のお２人が上手くいかなかっただけでＡＢＣ商事との取引を諦めるのはもったいないと思います。ぜひ、私にもアプローチさせていただけませんか？　近藤課長の悔しい思いに報いたいと思います」

　田中君は、近藤課長の気持ちにも配慮しながら、総勢20名も

■ ロジックの甘さを指摘する材料を探す

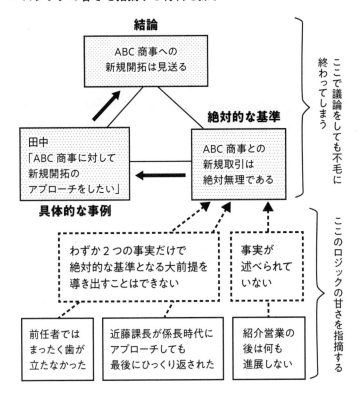

いる営業部のたった2人の失敗だけで「ＡＢＣ商事との新規取引は無理である」と決めつけてしまうのはおかしいということを指摘しています。このような言い方をすれば、ああ言えばこう言う人も納得するのではないでしょうか。

また、「ＡＢＣ商事との新規取引は絶対に無理である」という基準を導いた「紹介営業の後は何も進展しない」というのも問題があります。なぜなら具体的な事実が述べられておらず、近

藤課長の主観による発言と取れるからです。

　ただし、「それは近藤課長の主観ではないですか」とはさすがに言えないので、「紹介営業の後は何も進展しなかったというのは、具体的にどなたの紹介だったのですか」と質問して事実を引き出すべきでしょう。その紹介者がＡＢＣ商事と強いパイプを持つ有力者でなければ「ＡＢＣ商事との新規取引は絶対無理である」という基準を導くことにも無理があるとわかります。

　前ページ図にある絶対的な基準を打ち崩すためには、その元となる事実により本当にその絶対的な基準が導き出せるのかを指摘すれば、相手は自分のロジックの甘さに気づくでしょう。

コラム　帰納法と演繹法の関係

　演繹法では大前提となる絶対的な基準がとても重要です。この基準は帰納法によって導かれます。つまり、これまでに蓄積された観察事項によって揺るぎのない規則やルールが導かれるのです。ところが、蓄積された観察事項がないにもかかわらず信じられていることがあります。それを「迷信」といいます。

　たとえば「茶柱が立つと縁起がいい」という迷信は本当に茶柱が立つことでよいことがあったという事実の蓄積があるわけではありません。最近悪いこと続きで落ち込んでいる友人に、お茶を入れて茶柱が立ったら、「きっとよいことがあるよ」と言ってもよいことがあるとは限りません。演繹法では、論拠となる大前提は客観的な事実が蓄積されて帰納的に導かれたものでなければなりません。

2-7

自分の主張を通すための
最適な方法を選択する

　ここまで三角ロジックを使った論理の組立てについて見てきました。自分の主張を通すには三角ロジックを用い、帰納法か演繹法を意識する必要があります。ところが同じ主張をするにも、帰納法と演繹法とでは方法や労力が違います。

　ここで、田中君がプリウスを買いたいと妻の幸子さんに提案するシーンを考えてみましょう。まずは、帰納法を活用した主張を考えてみます。

💡 シーン　プリウスの購入を帰納法で妻の幸子さんに提案する

田中君　「今度のボーナスでプリウスを買わないか？」（主張）

幸子さん　「何で、プリウスなの？」

田中君　「なぜって、プリウスは家計に優しいからだよ」（論拠）

幸子さん　「家計に優しいって、具体的にはどういうこと？」

田中君　「今ならエコカー減税で重量税と自動車税が軽減されるんだ。それに今の車に比べて燃費3分の1くらいに抑えられるし、年間で換算すると10万円ほどのガソリン代が節約できるんだ」（具体的なデータ）「だから、プリウスを買おうよ」（主張）

これは典型的な帰納法による主張です。ここでは、①エコカー減税で重量税と自動車税が軽減される、②今の車に比べて燃費が3分の1くらいに抑えられる、③年間で換算すると10万円ほどのガソリン代が節約できるという3つの具体的なデータを使うことで、家計に優しいという論拠に対する証拠を示し、プリウスを買いたいという主張を導いています。

　これは主張の導き方として問題はないのですが、帰納法を使うと苦労することがあります。それは、具体的なデータを集めなければならないということです。ここでは3つの具体的なデータを用いていますが、このような事例やデータを集めるために様々な情報を調べなければなりません。そして相手を納得させるためには、このような事例やデータは多ければ多いほうがよいのです。実はこの作業に手間がかかってしまうのです。
　仕事においてもそうですが、何か自分が言いたいことを主張するのであれば、その論拠が必要となります。ただし、その論拠だけでは相手は納得しないため、論拠を証明するための事例やデータを集める作業をしなければならないのです。
　では、演繹法を活用した主張を考えてみましょう。先ほどの例であれば次のような言い方ができます。

💡 シーン　プリウスの購入を演繹法で妻の幸子さんに提案する

田中君　「今度のボーナスでプリウスを買わないか」（主張）
幸子さん　「なんで、プリウスなの？」

田中君　「なぜって、政府の二酸化炭素の排出規制（絶対的なルール）により、うちの車はその基準に適合しないからなんだ（具体的なデータ）」

　この場合は、「政府の二酸化炭素の排出規制」という絶対的なルールを用い、それに個別具体的なデータである「うちの車はその基準に適合しない」を当てはめることによって、「プリウスを買わないか」という主張を導いています。この場合は、事例やデータを集めるために様々な情報を調べる必要はありません。「政府の二酸化炭素の排出規制」という絶対的なルールだけで、その主張が成り立つからです。

　このように絶対的なルールを用いると、相手が否定することができない主張を導くことができます。

　他の例を使って考えてみましょう。田中君はアルファ社の自動車部門で輸出の担当をしているとします。近藤課長に対して海外向けの輸出数量を減らすべきだと帰納法で主張したいときには、理由を考えなければなりません。しかもその理由はデータで実証されないといけないのです。たとえば、次のような主張ができます。

💡 シーン　帰納法を使って近藤課長に意見を述べる田中君

田中君　「近藤課長、海外向けの輸出数量は減らすべきです」
近藤課長　「ほう、なぜそう思うんだ？」
田中君　「はい、国内の需要が伸びており、海外の需要が減退しているからです」

近藤課長 「そうなのか。具体的にはどうなっているのだ？」

田中君 「はい、国内では満員電車を避けてマイカー通勤をしたいというニーズが増えてきています。また、企業における社用車の需要が増えてきています。さらに、世帯収入が増加傾向にあります。そして、海外の需要については米中の貿易摩擦の影響で消費意欲が減退しています。また、日本製品の不買運動の影響で一部の国では在庫がダブついてきています。したがって、海外向けの輸出は減らすべきだと思います」

　この会話では、「国内の需要が伸びている」ことと、「海外の需要が減退している」ことを理由として述べています。ということは、それらが本当であることを示すデータが必要で、具体的なデータ集めが重要になってきます。

　では、同じ主張を演繹法を使って言い換えてみましょう。

💡 シーン　演繹法を使って近藤課長に意見を述べる田中君

田中君 「近藤課長、海外向けの輸出数量は減らすべきです」

近藤課長 「ほう、なぜそう思うんだ？」

田中君 「はい、円高が急速に進んでおり、このままでは売れば売るほど利益が圧迫されるからです。当社は海外輸出の比率が高いため、輸出数量は減らすべきだと思います」

　この例を見ると帰納法のアプローチに比べて明らかに説明が短くなっています。あれこれデータを調べなくても、「円高が急速に進んでおり、このままでは売れば売るほど利益が圧迫され

る」を述べるだけで主張の論拠としては十分なのです。

　たとえば、1ドル100円が円高で1ドル80円になったとすれば、これまで1台100万円で売っていたものが80万円になってしまいます。このように円高になれば売上が下がるのは明らかであり、誰もが認める絶対的な基準です。この基準を論拠として使えば、帰納的に具体的なデータなど示さなくても構いません。

　ただし、このような絶対的な基準やルールが都合のよいように存在しているわけではありません。自分が何かを主張する際は、帰納法と演繹法のどちらを使えばいいか考えましょう。

2-8

おかしな言い訳を許さない

　みなさんは、仕事で何か上手くいかないことがあったとき、その理由や原因をきちんと説明できていますか？

　アルファ社の田中君が飲料を扱っている営業担当者として、近藤課長と会話しているシーンをご覧ください。アルファ社はソフトドリンクを取り扱っており、ジンジャーエールが主力商品です。ソフトドリンクだけでは売上の拡大が見込めないため、ドイツビールの輸入販売も行なっています。

💡シーン　変な言い訳で弁明する田中君を追い詰める

近藤課長　「今期の売上目標は達成できそうかな？」

田中君　「いや、実は目標数値にはほど遠い状況で、目標の達成は難しいです。とくに主力商品のジンジャーエールがまったく売れていないのです。それを補完するべきドイツビールもまったく売れていません。どうすればいいのやら」

近藤課長　「ジンジャーエールは我が社の看板商品じゃないか。いったい、どうしたんだ？」

田中君　「実はジンジャーエールもドイツビールもまったく売れない共通の原因が2つあります。1つ目はご存知のとおり、台風や長雨などの影響で冷夏なんです。冷夏になれば平均気温が低く、ジン

ジャーエールもドイツビールもまったく売れません。2つ目の原因
は今年4月から増税となった酒税です。この増税が追い討ちをかけ
るようにドイツビールとジンジャーエールの売上不振につながって
いるのです」

近藤課長　「え、ちょっと待って。冷夏の影響でジンジャーエールと
ドイツビールが売れないのはわかるけど、酒税が上がることと、ジ
ンジャーエールが売れないこととはまったく関係ないだろう?」

田中君　「酒税が上がると、ドイツビールが売れなくなって、ビール
のジンジャーエール割りの需要もいっきに減るんですよ。シャン
ディーガフっていうカクテルはご存知ありませんか?」

近藤課長　「シャンディーガフ?　ビールのジンジャーエール割
り?　ビールのジンジャーエール割りの需要などそんなに大きいと
は思えないが…」

　さて、田中君の言い訳はどこがおかしいでしょうか?　まず、
冷夏でジンジャーエールとドイツビールが売れないのはわかり
ます。また、酒税が上がることでドイツビールが売れないのも
わかります。ところが、ジンジャーエールはお酒ではありませ
んので、酒税が増税されることで直接的な影響はありません。

　田中君は、ビールのジンジャーエール割りが売れないと言っ
ています。しかし、シャンディーガフというカクテルの需要が
そんなに大きいとは考えられません。そのため、酒税が上がる
ことがジンジャーエールの売上減の原因となるのは、かなり無
理があります。

　田中君の説明がおかしいのは因果関係に無理があるからです。
因果関係とはあることが原因となって、ある結果につながるこ

とを言います。原因の「因」と結果の「果」を合わせて「因果」という言葉になります。因果関係であるためには、2つの事柄の間に必ず時間差があります。先ほどの例では、冷夏が先に起こることでジンジャーエールとドイツビールの売上減が後に起こります。増税が先にあり、ドイツビールの売上減が後に起こります。

　ジンジャーエールの売上とドイツビールの売上との間にも関係がありそうです。ジンジャーエールの売上が減るからドイツビールの売上が減るのか、ドイツビールの売上が減るからジンジャーエールの売上が減るのかはわかりません。

　これは「鶏が先か、卵が先か」の問題ですので、因果関係では説明できません。これらは、どちらかが上がればもう一方も上がり、どちらかが下がればもう一方も下がるという「相関関係」になります。

　因果関係と相関関係の大きな違いは、2つの事象の間に時間差があるかないかということです。因果関係の場合は、時間的にどちらか一方が先に起こり、どちらか一方がその後で起こりますが、相関関係は同時に起こることもあります。

　たとえば、ある部下のモチベーションが下がったとします。モチベーションが下がるということは必ず、その前に何らかの原因があるはずです。上司に怒られたとか、顧客からクレームを受けたなどです。この原因がわかれば、その原因をつぶすことで問題解決につながるのです。

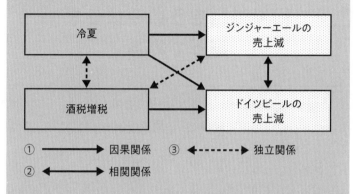

コラム　因果関係・相関関係・独立関係

冷夏	ジンジャーエールの売上減
酒税増税	ドイツビールの売上減

① ——————▶ 因果関係　　③ ◀- - - - -▶ 独立関係
② ◀——————▶ 相関関係

　①の矢印は因果関係です。元の原因となる事象があり、その後に別の事象が結果となって現れる関係です。ただし、その逆はあり得ません。上図の例では、冷夏が先に起こった結果、ジンジャーエールやドイツビールの売上が減少します。しかし、ジンジャーエールやドイツビールの売上が減少した結果、冷夏になることはありません。②の双方向の矢印は相関関係です。ジンジャーエールの売上が減少することとドイツビールの売上が減少することはお互いに関係があります。

　また、それぞれの売上が上がることもお互いに関係があります。ただし、一方が原因となった結果、もう一方が起こるということはありません。③はお互いに関係がない状態、つまりそれぞれ独立している関係です。

2-9

相手の話をうのみにせず
疑ってみる

　みなさんは、上司に対していい加減な論拠をもとに言い訳をしたことはありませんか？　相手の話をうのみにする上司であれば通用するかもしれませんが、少し疑って考えるとボロが出ることがあります。以下、田中君の後輩の新入社員・佐藤君と近藤課長の会話の例で考えてみましょう。

💡 シーン　新人佐藤君の近藤課長に対する屁理屈

近藤課長　「今期は君の大切な得意先であるシナリオ商事の売上実績が計画に対して未達だったな。その原因はどこにあるのかな？」

佐藤君　「はい、それはもう明らかです。売れ筋商品Ｘの生産が間に合わず、Ｘの欠品が続いたことでシナリオ商事の売上が下がったのです」

近藤課長　「でも、工場は営業部のために残業をしながら、頑張って作業していたじゃないか。工場長も柔軟に対応すると言ってたぞ」

佐藤君　「近藤課長、おっしゃることはその通りだと思うのですが、工場が残業していたのはＹを生産するためなのです。Ｘは後回しで欠品が続き、シナリオ商事の売上が下がったのです」

　さて、この会話を聞いてみなさんは納得しましたか？　新入

社員の佐藤君によると、シナリオ商事の売上が下がった原因は
Xの生産量が下がったということですが、果たして本当にそう
なのでしょうか。何か他にも要因がありそうです。

　ここでシナリオ商事の売上が下がった要因として考えられる
のは、佐藤君が"新人"の営業担当者だということです。新人
の営業担当者は、得意先の担当者とも、工場の担当者とも十分
な人間関係ができていないことが考えられます。そのために、
シナリオ商事に対してX以外の代替品をお願いするなどの交渉
ができていないのです。また、工場長は柔軟に対応すると言っ
ているにもかかわらず、新人であるがゆえに工場の担当者にX
の生産を急いでほしいと無理が言えないのです。

　別の例でも考えてみましょう。次の宣伝文句を見てみなさん
はどう思うでしょうか？

「フェラーリを持っている人はかなりの確率でお付き合いしている
女性がいます。女性にモテたいのであれば、フェラーリを買いまし
ょう」

　この宣伝文句は一見、本当のようですが、果たしてそうでし
ょうか？　たしかにフェラーリを持っていれば、女性にモテる
でしょう。ただし、女性にモテるのはフェラーリを持っている
からとは言い切れません。他に隠れた要因がありそうです。そ
もそもフェラーリを買う人は相当なお金持ちです。お金持ちだ
からこそ、女性にモテるのであって、フェラーリでなくてもベ
ンツでもBMWでも構わないのです。つまり、お金持ちだから

フェラーリが買えるのであり、お金持ちだから女性にモテるというように、お金持ちという要因はどちらにも関係してきます（そもそもお金持ちだからといって、あるいはフェラーリに乗っているからといって女性にモテるのかという問題もありますが）。

　次の例はいかがでしょうか。

「ある研究機関の発表によると、週に３回ハンバーガーとフライドポテトを食べる人は、食べない人と比べて死亡リスクが２倍になる」

　この調査結果を見たら、ハンバーガーとフライドポテトはあまり食べないほうがよいと思うかもしれません。ところが、ハンバーガーやフライドポテトを食べるのを止めれば死亡リスクが半減するかというと、そうとはいえません。つまり一見するとハンバーガーやフライドポテトを過剰に食べることが原因のようですが、他に要因がありそうです。たとえば野菜嫌いが考えられます。野菜嫌いな人は、ファーストフードなどを中心とした食事をするため、野菜不足が死亡に関係していると考えられます。

　また、他に考えられる要因もありそうです。たとえば、時間なども要因として考えられます。仕事が忙し過ぎてまともに食事の時間が取れず、夜も残業続きで深夜遅くに帰宅をするような生活をしている人は、バランスの取れた食事をする余裕がありません。そのため、ファーストフードで手っ取り早い食事をする可能性が高いです。つまり、忙し過ぎて時間的な余裕がな

いことが、ファーストフードを食べることと、死亡の両方に関係していると考えられます。

　以上のように因果関係と思っていても、自分では気づかない隠れた要因が他にあるかもしれないということに気をつけましょう。あるいは、自分では隠れた要因に気づいていても、それが自分にとって都合が悪い場合、無理に他の要因を用いて言い訳することもあります。説明を聞く側になった場合は、相手の話をうのみにせず疑ってみることが重要です。

コラム　第三因子と疑似相関

　この項目で見てきたように、２つの事象に因果関係がないにもかかわらず、あるように見えることを「疑似相関」といいます。ＡとＢという２つの事象それぞれに対して別の要因である第三因子によって、ＡとＢが起こっています。第三因子が存在する場合はＡとＢの関係は因果関係ではなく、相関関係があることになります。先ほどの３つの例では、「新人の営業」「お金持ち」「野菜不足・忙しすぎて時間の余裕がない」が第三因子となります。

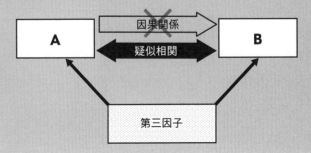

2−10

勝手な理屈づけで
話をしない

　因果関係にはA→Bと直接的に関係するものもあれば、A→B→CのAとCの関係のように、間接的に関係するものもあります。AとBのように直接的に関係するものは結びつきが強いといえますが、AとCのように間接的に関係するものは決して強くはありません。

　ところが、間接的であるにもかかわらず、関係がかなり強いかのように主張する人もいるようです。

💡 **シーン　田中君が社用車で事故を起こして近藤課長に叱られる**

近藤課長　「君ねぇ、社用車で事故を起こすとはいったい何を考えているんだ！　今回は電柱にぶつけただけで済んだかもしれないが、もし人身事故だったらどうするんだ！」

田中君　「はい、申し訳ありません」

近藤課長　「申し訳ありませんでは済まないんだぞ。また仕事帰りにパチンコに行ったんだろう」

田中君　「はい」

近藤課長　「そうだろ、仕事帰りにパチンコに行ったから事故につながったんだ」

田中君　「でも、仕事帰りにパチンコに行ったからといって、翌日の事故につながったとは思えないのですけど」

近藤課長　「何を言っているんだ。仕事帰りにパチンコに行ったから、帰りが遅くなったんだろ。帰りが遅くなったから、寝不足になったんだ。寝不足で車を運転しているから注意散漫になるんだよ。注意散漫になるから、とっさのときにブレーキを踏むのが遅れてしまったんだ。だから仕事帰りにパチンコに行ったのが事故の原因になったのは明らかだ」

　この近藤課長の説明は事故の因果関係を説明しているでしょうか。読んでおわかりのとおり、かなり強引な推論です。次ページ図に照らし合わせて考えてみましょう。

　事故を起こした直接的な原因は、ブレーキを踏み遅れたことです（①）。これは原因としてかなり関係が強いといえます。

　では、ブレーキを踏むのが遅れた原因は何でしょうか。近藤課長は注意散漫だったからと説明しています（②）。たしかに注意散漫だったからブレーキを踏むのが遅れたと考えられますが、注意散漫から事故を起こしたことの間には少し距離があります（**A**）。

　注意散漫になった原因を近藤課長は寝不足だとしていますが（③）、寝不足から事故を起こしたことの間にはさらに距離があります（**B**）。

　そして寝不足であったことの原因を帰りが遅くなったことだと説明していますが（④）、帰りが遅くなったことと事故との距離はさらに広がります（**C**）。

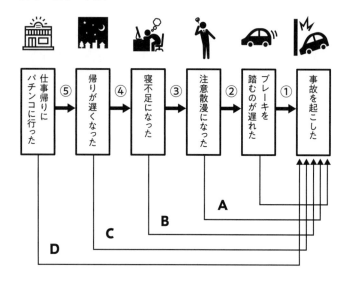

帰りが遅くなったことの原因を仕事の後でパチンコに行ったからと説明していますが（⑤）、パチンコに行ったことと事故との距離はさらに広がってしまいます（**D**）。

このように考えると、事故を起こしたことと仕事帰りにパチンコに行ったことの間にはかなり距離があります。近藤課長が言うように「仕事帰りにパチンコに行ったのが事故の原因になったのは明らかだ」というのは強引な推論だといえます。

もしかすると、近藤課長は自分がパチンコ嫌いで、最初からパチンコに紐づけしようとして、たまたま起こった事故を使って勝手な理屈づけをしているのかもしれません。

さらに付け加えると、原因を推論する場合は、上図のように

一方通行だけで考えるのではなく、各段階において、さまざまな可能性があることを想定して考えなければなりません。それが後述する**ロジックツリー**になります（5章−1）。

「風が吹けば桶屋が儲かる」というたとえ話はご存知ですか？「風が吹くと砂ぼこりが出て盲人がふえ、盲人は三味線を弾くのでそれに張る猫の皮が必要で猫が減り、そのため鼠がふえて桶をかじるので桶屋が繁盛する」というお話です。

　これは「思わぬ結果が生じる、あるいは、あてにならぬ期待をすること」のたとえ話です。思わぬ結果が生じることや、あてにならぬ期待をするということは、思わぬ結果やあてにならないことが起こる確率は少ないということです。風が吹くと桶屋が儲かることの確率は低く、逆に桶屋が「風が吹いたから儲かるぞ」と決めつけること自体がおかしいといえます。つまり、先ほどの近藤課長のように「仕事帰りにパチンコに行ったのが事故の原因だ」と決めつけることはおかしいのです。

2-11

相手の説明の
おかしな点を見抜く

　世の中には色々と言い訳をする人がいますが、その中には因果関係がおかしいものが多々あります。その因果関係がおかしいことを見抜くのも私たちの仕事の1つです。なぜならば、おかしい因果関係を見抜けず、その通りだと思い込んでしまうと間違った判断や意思決定をしてしまうからです。

　では、アルファ社の田中君と近藤課長の会話を見て何がおかしいか、近藤課長になったつもりで田中君に質問してください。
　アルファ社は東京に本社を構え、全国で合計20名の営業マンを抱えています。
　次ページ図の通り、アルファ社の営業マンの内訳は北海道が1名、東京が13名、大阪が5名、福岡が1名となっています。アルファ社の売上の構成比率は東京が90％、大阪が5％、北海道と福岡がそれぞれ2.5％です。アルファ社では大手の得意先であるインテレクション社（本社：東京）の売上がとても重要であり、インテレクション社の売上が全社の実績を左右するくらい販売シェアがあります。そのため地域ごとにインテレクション社の営業担当を決めて、キメの細かい対応を取っています。
　競合他社であるベータ社も東京に本社を構え、同じ営業拠点において、同人数の営業体制でインテレクション社に営業活動

■ アルファ社の営業体制と売上構成

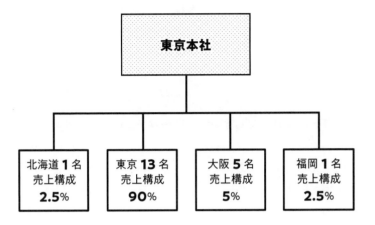

を行なっています。ベータ社の売上構成もアルファ社とほぼ同じで、両社は常に火花を散らしています。

💡 **シーン　的外れな言い訳をする田中君**

近藤課長　「今期のインテレクション社の売上は不振だったな。とくにライバルのベータ社に大きくシェアを奪われてしまったことが痛手だ。なぜ、ベータ社にシェアが奪われてしまったのだ？」

田中君　「はい、その原因は明らかです。ベータ社の営業マンはとても優秀なんです」

近藤課長　「優秀って具体的には？」

田中君　「はい、具体的に言いますと、大阪支店の松本という営業マンがいるのですが、彼は商品知識が豊富なだけでなく、卓越したコミュニケーションスキルを持っています。松本はニーズを聞き出す

質問力と相手の懐に入る傾聴力が素晴らしく、顧客のニーズをとらえた商品提案を行なうので、お客様は松本の提案に対してNOとは言えないのです。先月の業界紙に松本がインタビューを受けた記事が出ていましたし、同業他社からヘッドハンティングの噂が絶えないくらいの逸材です」

　さて、田中君の説明を聞いて何かおかしいところはありませんか？　インテレクション社のシェアを奪われた原因はベータ社の営業マンが優秀であるということでした。そのことを具体的な事実で証明するために、松本という営業マンの名前があげられたのです。

　ここで問題なのは、ベータ社の営業マンが優秀であることを、大阪支店の松本だけで説明をしようとしたことです。たとえ松本が優秀であったとしても、松本の担当エリアは大阪です。インテレクション社に対する売上シェアがアルファ社と同等であるならば、大阪の松本がたとえシェアを塗り替えたとしても、それは全体から見るとわずか5％であり、全体を説明するには不十分だといえます。

　ベータ社の営業マンが優秀であることを説明するのであれば、全体の売上シェアが90％ある東京の営業マンのことを具体的に説明しなければなりません（次ページ図）。

　これはサンプリングの問題といえます。**サンプリングの問題とは、あることを説明するために、適切な対象者が選ばれているかどうかということ**です。インテレクション社の売上を左右するのは90％のシェアを持つ東京であるため、ベータ社の優秀

■ サンプリングの問題

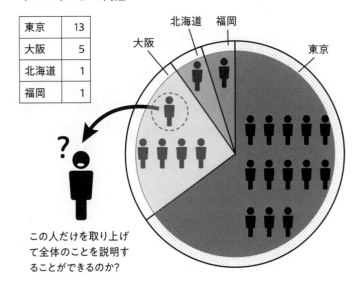

東京	13
大阪	5
北海道	1
福岡	1

北海道　福岡

大阪

東京

？

この人だけを取り上げて全体のことを説明することができるのか?

な営業マンを説明するのであれば、東京の営業マンのことを述べなければいけません。

　また、サンプルの数にも問題があります。東京の営業マンが優秀であるならば、東京に勤務するできるだけ多くの営業マンを調べる必要があります。たった１人のスーパー営業マンがいたとしても、その１人の担当者だけで東京に勤務する営業マン全員が優秀であると説明することはできません。

　このように、ベータ社の営業マンが優秀であるのが売上減の原因なら、大阪支店の松本だけでは説明できないのです。

コラム　バイアス

　バイアスとは「偏見」「先入観」「偏り」のことです。何かを調べたり、説明する際に生じる様々な先入観や偏りを指します。たとえば、本文の例でいうと、ベータ社の営業マンのことを説明するのであれば、東京の営業マンを中心に抽出した標本（サンプル）を用いて説明しなければならず、大阪の営業マンだけを選んでしまうと「バイアス」がかかってしまい、きちんとした説明にはなりません。

　知らないうちにバイアスがかかることもありますが、自分の説明をもっともらしく見せようとして、あえて違うところから意図的にサンプルを選ぶ人もいますので、そのようなときは、バイアスがかかっていると見抜かなければいけないのです。

3章

ロジカルに
「整理する」ための基本

3-1

整理できない人は
思いつきで話して損をする

　子どもの頃、母親から「脱いだ靴は左右並べて整理しなさい」と叱られた人も多いのではないでしょうか。体操服を脱ぎっ放しにしたせいで、上下がそろわず長時間探した経験がある人もいるかもしれません。整理をするためには、右と左、上と下、表と裏をきちんと対にしてそろえなければなりません。

　また、対でものごとを整理する大切さはこんな例でもわかります。ある男性がひと目惚れした女性に告白し、交際がはじまりました。ところが3か月後には破局したとのこと。その理由を男性に聞いてみると、性格の不一致だと言います。

　いったいこの男性の何が悪かったのでしょうか？　理由は様々でしょうが、この場合の一番大きな問題は、外見だけで相手のことを判断し、内面を十分に理解しないまま付き合ったことでしょう。

　対の関係でものごとを整理できない人は、思い込みで片方しか見ず、その結果上手くいかないことがあります。

　実は、私も同じような経験があります。私がユニバーサル・スタジオ・ジャパンの運営会社「ユー・エス・ジェイ」で働いていたときに、当時の上司であるマーケティング本部長のノーマン・エルダーさんによく指摘を受けたことがあります。ここでそのシーンを再現してみます。今から、私がエルダーさんに

ある架空の企画を提案しますので、みなさんも私の提案の何が
いけないのか、上司になったつもりで考えてみてください。

💡 シーン　上司が意思決定しづらい企画提案

私　「エルダーさん、今度の夏休みですが、集客をさらに増やすため
に夕方から入場できるナイトパスの導入を企画したいと思います」

エルダーさん　「それはよい企画だね。具体的に聞かせてくれる
かな」

私　「はい、夏休みの7月20日から9月30日の期間中、夕方17
時から入場できるお得なチケットです。導入理由は、パーク全体の
売上増が見込めるからです。具体的には、放課後の学生や、仕事帰
りのビジネスパーソンなどの、夕方から手軽に安く楽しみたいとい
う需要を取り込むことで、チケットの売上増が期待できます。また、
夜のメニューを拡充することで、レストランの売上増も期待できま
す。さらにペンライトなどを販売すれば物販の売上増も可能です」

エルダーさん　「説明はそれで終わりかな……。君の提案もわかるの
だが、それだけでは意思決定ができないんだよ」

　さて、なぜエルダーさんは私の説明で意思決定ができないと
言ったのでしょうか。これも先ほど話した右と左、上と下、外
見と内面と同じことです。私の提案はよい話ばかりで、悪い話
がいっさい含まれていません。エルダーさんは、ナイトパスを
導入するメリットとデメリットを知りたいのです。その両方を
天びんにかけて比較検討しないと、意思決定ができないと言っ
ているのです。

私たちは上司に何かを提案する際に、自分の提案を少しでもよく見せようとして、とにかくよい情報をたくさん説明しようとします。しかし、提案される側はメリットとデメリットの両方を比較検討しないと最善な意思決定ができないのです。

　エルダーさんはこの**メリットとデメリットのことを Pros and Cons と表現**していました。エルダーさんに企画書や提案書などを提出すると、必ず "What's Pros and Cons ?" とメモを書いて私に返却されていました。今回の事例であれば、以下のようにデメリットも伝えるべきです。

私　　「しかし、ナイトパスの導入には、追加費用の発生というデメリットもあります。たとえば、夜のアルバイトスタッフにかかる費用の増加です。朝から働いているアルバイトの勤務時間延長は難しいため、新たに夕方から勤務するアルバイトが必要ですが、募集・採用・教育のコストが追加で発生します。さらに夜の勤務者に対しては、夜勤手当が発生します。また暗い夜間の営業のため、パーク内の警備を昼間以上に厳重にする必要があるので、追加で警備員の費用も発生します。ただし、これらのデメリットを差し引いたとしても、ナイトパス導入の効果はプラスとなります」

　右と左、外と内、メリットとデメリットなどを整理してセットで考えることは、思い込みで片方しか見えない状態から脱することができます。思考の偏りをなくし、全体を俯瞰してものごとを考えるためにはとても大切です。

3−2
整理のコツは反対の 視点で考えること

　右と左、外と内、メリットとデメリットなどをセットで考えることは、論理的に考えるためにとても重要です。ものごとを反対の視点で考えられる人は、合理的で柔軟な発想ができます。ここでは、いくつかの例を紹介します。

① In= 手に入るもの　Out= 失うもの（あるいは Win と Lose）

　私たちは何かほしいものがあれば、それを手に入れようと行動します。手に入れば満足しますが、その裏では必ず失うものがあります。失うものが何かを知りながら意思決定ができる人は、後悔することはありません。

　たとえば、有名な芸能人が覚せい剤や大麻などの使用により、逮捕される報道を見かけます。覚せい剤を使用することで得られるストレス解消や高揚感などは In ですが、そのことによる Out は入手のためのお金だけではありません。健康な身体や健全な心が失われます。

　さらに、覚せい剤の使用が発覚すると信用を失うだけでなく、テレビ番組やCMの製作費用、それらに掛かる損害賠償請求など計り知れない Out があります。覚せい剤の使用による In と Out を比べると明らかに Out のほうが大きく、それを使用するという選択肢にはなりません。

私は社会人大学院に通い、経営学修士（ＭＢＡ）を２度取得した経験があることから、大学院に進学しようと考えているビジネスパーソンからよく相談を受けます。その際、私は In と Out の視点でアドバイスをします。社会人大学院に通うことによる In はもちろんＭＢＡという学位です。それに加え、短期間で膨大な勉強をすることによる自信や、時間管理能力なども手に入れることができます。そして最大の In は同じ志を持った、かけがえのない仲間を得ることです。

　一方で、Out は高額な費用と時間が奪われることです。そして、最大のリスクとなる Out は、自分の健康や家族との関係を損なうことです。ただでさえ業務で忙しいにもかかわらず、大学院に通ったために過労で体調を崩したり、家族とのコミュニケーションが疎かになって家庭内がギクシャクするのはよく聞く話です。私はこのリスクを伝えたうえで学業と仕事・家庭のバランスを上手く取らないといけないことを伝えています。

② As is（現状）と To be（ありたい姿）

　若い男性がフェラーリの購入を考えているとします。周囲の人がこの男性に対して「身の程知らず」と批難することもあるでしょう。これは As is（現状）と To be（ありたい姿）の典型的な例です。フェラーリに乗ってさっそうとドライブし、周囲の視線を集めるのは To be（ありたい姿）ですが、実際問題として1000万円を超えるフェラーリを購入するお金は持っていません。As is（現状）としては収入に見合った車を購入するのが妥当でしょう。

　この As is／To be は様々な場面で活用できます。たとえば、

企業でビジョンを策定するときに、どうありたいか（To be）を明確にし、それに対して現状はどうか（As is）を分析することで、具体的に何をすべきかを明らかにします。これをギャップ分析といいます。現状とあるべき姿のギャップを明らかにして、現状を理想に近づける方策を検討するという方法です。

③ Product Out（プロダクト・アウト）と Market In（マーケット・イン）

アルファ社の企画会議で、田中君と近藤課長が新商品の企画について議論をしています。

💡 シーン　ニーズがあいまいな新商品企画をツッこまれる

田中君　「ついに画期的な商品の開発に成功しました！　パソコンとコピー機が一体となった複合機です。これでパソコンとコピー機の接続の手間なく、超高速でパソコンから直接プリントアウトできます。名づけて"パソコピー"です！」

近藤課長　「それって素晴らしいアイデアだと思うけど、誰のアイデアなんだ？」

田中君　「もちろん、私ですよ！　長年あたためてきたアイデアを企画部に粘り強く提案し続けた結果、ようやく実現したのです。これで来期の売上は大幅増ですね」

近藤課長　「消費者はそのような商品のこと望んでいるのかな？」

田中君　「そりゃあ、望むはずですよ。だってパソコンとコピー機を別々に買って、いちいち接続するのは面倒でしょ。電波が届きにくく、プリントアウトに時間がかかることもあるし」

近藤課長　「でも、そんなに大きな複合機、パソ、パソコピーだっけ？　家のどこに置くのかな？　そんな大きな複合機が置ける家は今どきないと思うけど。それに私のお客様に聞いたところ、コピー機に求められるのは小さくて通信性能がよいものだと言ってたぞ。小さなスペースに置くことができて、Wi-Fi接続がスムーズな高性能のコピー機なら購入したいと言ってたけど」

田中君　「たしかにそうかもしれませんけど、この商品を見たらお客様は絶対に飛びつくはずです！」

　さて、田中君の企画をどう評価しますか？　画期的な商品で注目されそうですが、お客様のニーズをくみ取っているかといえば、そうではなさそうです。

　田中君の企画の発想の仕方をプロダクト・アウトといいます。**プロダクト・アウトとは、企業が培った技術やノウハウなどのシーズ（種）に基づいて商品を企画・開発**する考え方です。それに対し近藤課長の企画の発想はマーケット・インといいます。**マーケット・インは顧客のニーズを調査し、それに見合った商品を企画・開発**します。

　プロダクト・アウトの発想は誰もが想像しないような商品のため、革新的で創造的な商品が生まれることがありますが、受け入れられずに失敗するリスクもあります。

　それに対してマーケット・インの発想は顧客ニーズに応じた商品のため、失敗するリスクは抑えられます。しかし、そうした顧客ニーズは競合他社も把握しているため、どうしても似たような商品になる可能性があります。最初からどちらが正しいということは言えませんが、発想した相手を真っ向から否定す

るのではなく、お互いに相手がどういう立場でものごとを考えたのかを把握することが大切です。

コラム　対称概念

　対称概念とは相反する2つの概念のことです。2つの間には対応関係があり、つり合っています。左右対称、線対称などと使われます。

　対称とよく似た言葉に「対照」と「対象」があります。対照は2つのものを比較して比べることで、その違いが際立っている状態です。「兄弟なのに性格が対照的だ」などのように使います。対象は意識や行為が向けられる相手のことで、対象年齢、研究対象、恋愛対象などと使われます。

■ 3つの"たいしょう"

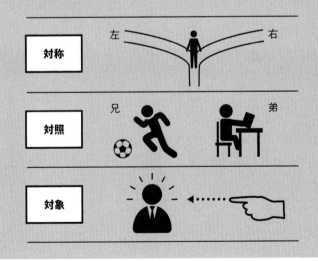

3－3

漏れなくダブリなく考える

　ものごとを反対の視点で考えることは、論理的に考えるためにとても重要であるとお伝えしました。実は、このお話には続きがあります。近藤課長から4人の部下A・B・C・Dに対して下記のような指示が出ました。このA・B・C・Dの対応について、正しいのか考えてみます。

近藤課長　「当社のオフィスビルの向かいの交差点には信号機がないので、出会いがしらで交通事故が起こる可能性があるな。事故を未然に防ぐために信号機を建てたい。そこで信号機に使うランプを買って来てくれないか」

　近藤課長の指示に対し、部下A・B・C・Dが次ページ図のようにランプを買ってきました。誰の買い物が一番正しいでしょうか？　もちろん、説明するまでもなく部下Aの買い物が正しく、部下B・C・Dは間違っています。
　部下Aは青・黄・赤の3色を買っていますので、問題がありません。この買い物は、何かを買い忘れても（漏れ）、重複して同じものを買っても（ダブリ）いません。このことを「漏れなしダブリなし」の買い物といいます。
　部下Bは青・緑・黄・赤の4色を買っています。この買い物

■ ランプを「漏れなしダブリなし」で買ってきたのは誰？

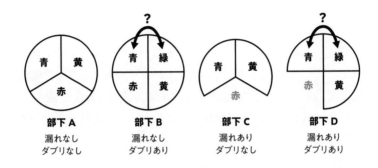

では一見、違う色のランプを買ってはいますが、青と緑は同じ役割を果たします。青と緑のランプが同じ信号機の中にあれば、ややこしくて事故が起こってしまいます。そのためこの買い物は、何かを買い忘れて（漏れ）はいませんが、重複して同じものを買って（ダブリ）いることになります。このことを「漏れなしダブリあり」の買い物といいます。

部下Cは青と黄の2色しか買っておらず、赤を買い忘れています。赤信号がなければ、誰も止まらず事故が起こります。ただし、重複して同じものを買ってはいません。この買い物は、買い忘れがあるので「漏れありダブリなし」となります。

部下Dは青・緑・黄の3色を買いましたが、赤を買い忘れています。この買い物は、買い忘れが（漏れ）あり、青と緑が重複して（ダブリ）いることになります。このことを「漏れありダブリあり」の買い物といいます。このような信号があれば、青と緑で発進の際に混乱しますし、赤がないため誰も止まらず、きわめて危険な信号になってしまいます。

このように正しい信号機を作るためには、青・黄・赤のランプを買わないといけないのです。この考え方こそが「漏れなくダブリなく」です。

以前、私はこのような発想ができなかったので、よく上司に叱られていました。少し古い話ですが、私がカネボウで営業職をしていた頃のことです。1995年に阪神・淡路大震災が発生し、この地域は甚大な被害に見舞われました。山陽新幹線の高架橋が倒壊し、新幹線が不通となる事態になったのです。その後、新幹線が復旧するまで80日ほどかかっています。私は当時、岡山地区の営業担当をしていたので、よく岡山に出張に出ていました。ところが、新幹線が不通になったため、しばらく岡山に出張に行かなかったのです。そんなとき、上司から下記のような指摘を受けたのです。

部長　「久保田君、君は震災後、岡山にはまったく出張に行ってないな。この時期、得意先が震災で何か困りごとがないか、当社にお手伝いができないかなども含めて、顔を出すべきじゃないか」
私　「部長、よくおっしゃいますね。新幹線が不通になっているのはご存知でしょ。岡山出張なんて行けるわけがないですよ」
部長　「久保田君、君は頭が固く視野が狭いな。担当者なら、もっと考えなさい」

さて、なぜ部長は私に対して頭が固いと言ったのでしょうか？私は岡山出張イコール新幹線と思い込んでいました。そのため新幹線が不通になると、何も考えることなく出張に行かなかったのです。ところがその当時、大阪伊丹空港から岡山空港に飛

行機が運行していたのです。大阪から岡山は新幹線ですぐに行けますので、通常は飛行機は運行しませんが、非常事態だったので航空会社が対応していたのです。

　私は調べもせずに、新幹線しかないと思い込んでいたので、頭が固いと言われたのです。もしかすると、大阪の港から岡山の港まで船が出ていた可能性もあります。私の頭は陸地しか選択肢がなかったのです。つまり、交通手段を考えるときは「陸・海・空」で考えることが、漏れなくダブリなく考えていることになるのです。頭の固い私はそれができていなかったので、部長の指摘はごもっともだったのです。

コラム　MECE（ミーシー）

　漏れなくダブリなくは「MECE」といいます。これは英語で、Mutually Exclusive Collectively Exhaustive の頭文字を取って表現されたもので、ミーシーやミッシーと呼ばれます。Mutually は「互いに」、Exclusive は「排他的」、Collectively は「集合的に」、Exhaustive は「徹底的な」という意味です。相互に排他的であり、完全な集合体という意味で、漏れもなくダブリ（重複）もない状態のことを指します。

　外と内、表と裏、メリットとデメリットなどの二対の考え方もMECEです。赤青黄や陸海空などは三対のMECEです。四対、五対、六対であっても漏れやダブリがなければ、MECEの関係は成り立ちます。

3-4
仕事時間の使い方は
PDCAで整理する

　漏れなくダブリなく考えることは、時間についてもいえます。時間の使い方に漏れやダブリがない人は、効率よく確実に仕事を進められます。

　アルファ社の田中君が、新商品の展示会を開催したケースを考えてみます。田中君は年に2回、春夏と秋冬の商品を企画して外部委託工場に発注し、でき上がった商品を展示会で発表します。多くの得意先に、できるだけ多くの商品を取り扱ってもらうことが求められます。

💡 **シーン　準備万端で仕事をしたのに「やりっ放し」と言われるのはなぜ？**

田中君　「近藤課長、次回の商品展示会は9月に開催しようと思います」

近藤課長　「ほう9月か。商品の手配を含め、準備は大丈夫か？」

田中君　「はい、新商品の手配はすでに終わっており、7月末にサンプルがすべてそろいます。会場の仮予約もできていますし、招待者のリストも作成しました。予算は会場費含め300万円を予定しています。また、展示会当日の進行スケジュールも作成済みです」

近藤課長　「そうか、さすがだね。もう7年も経験しているとベテランの域だな。前回の展示会では受付対応、名簿チェック、会場への

誘導、資料の配布、商品説明、アンケートの回収に至るまで、大きなトラブルもなく無事に終われたからな」

田中君「近藤課長、どうもありがとうございます。では、今回も同じように進めてもよろしいでしょうか」

近藤課長「その前にちょっと聞きたいのだが、前回の展示会では来場者は300名ほどだったな？」

田中君「はい、そうです。目標としていた250名を上回り、社長からもほめられました」

近藤課長「確か、そのうち180名ほどの方に来場者アンケートに答えてもらったと記憶しているのだが、そのアンケート結果は次回の展示会にどう活かされているのかな？」

田中君「はい、アンケートですね。集計の結果、満足度は高くとくに問題はありませんでした」

近藤課長「ちょっと待ってくれるか。満足度が高かったのはよいのだが、自由記入欄には目を通したのか？　私がインテレクション社の担当者と話したときに、展示会の開催時期について再考してほしいので、アンケートに書いておくと言ってたぞ。9月は中間決算で忙しいそうだ。また、マネジメント社の担当者は会場が駅から遠く駐車場がないので、同じ場所だと次回からは行けるかわからないとアンケートに書いたと聞いた記憶があるな」

田中君「近藤課長、お客様は自由記入欄があれば、あれこれ書きたくなるものですよ。それらすべてに対していちいち対応していたら、仕事にならないですよ」

近藤課長「え？　ということは貴重なコメントを次回の展示会に活かしていないのか？　仕事をやったらやりっ放しだな！」

田中君と近藤課長のやりとりを見て、どう思いましたか？　たしかに田中君は素晴らしい仕事をしていますが、せっかくアンケートを取ったのに、その結果を次回の展示会の企画に活かしていません。近藤課長はやったらやりっ放しと言いましたが、これはPDCAで説明できます。PDCAはすでにご存知の方も多いと思いますが、**PDCAサイクル（Plan：計画、Do：実行、Check：チェック、Action：対策）**のことです。田中君の展示会の進め方をPDCAサイクルで整理してみましょう。

P（計画）：前回の展示会では、新商品の手配、会場の仮予約、招待者のリスト作成、予算取り、展示会当日の進行スケジュールなど計画はきちんとできていた
D（実行）：前回の展示会では、受付対応、名簿チェック、会場への誘導、資料の配布、商品説明、アンケートの回収まできちんとできていた
C（チェック）：アンケートの回収と集計はできていたが、その内容の検証をしたとはいえず、展示会実施後の改善点の整理が十分できていない
A（対策）：チェックが十分できていないため、さらによい展示会にするための対策も打っていない

　このように田中君の仕事はPDCAサイクルの視点で捉えると、CとAが十分になされておらず漏れがあります。そのために近藤課長から「やったらやりっ放し」と言われてしまったのです。
　この例ではCとAが漏れていましたが、PやDが漏れる人も

います。計画性がなく、思い付きで仕事をする人はPが漏れています。計画を立てて、その後行動に移さない人はDが漏れています。また、仕事にダブリ（重複）が発生することもあります。同じ業務を無駄に繰り返したり、複数人で同じ仕事に取り組んでいることなどはよく起こります。漏れなくダブリなく考えることで、仕事のやり方を確認できるのです。

コラム　PDCAサイクルとマネジメント・サイクル

　PDCAサイクルと似たものに「マネジメント・サイクル」があります。これは経営学者のファヨールによる管理過程として有名です。マネジメント・サイクルは「予測」「組織」「命令」「調整」「統制」の5つの過程から成り立ちます。マネジメント・サイクルは古典的な理論で難解ですが、わかりやすく整理して説明します。

　予測は将来を見通し、それに備えるために計画を立てることです。組織は計画を実行に移すための体制を整え、役割分担を決めることです。命令は計画を実行し、機能させるために、部下に指示をすることです。調整は実行したことが上手くいくように、関係者間に調和をもたらすことです。統制は予測、組織、命令、調整が上手くいっているか確かめて、問題があればそれに対処することです。少し強引ですが、マネジメント・サイクルをPDCAサイクルに当てはめると、Pは「予測と組織」、Dは「命令と調整」、CとAは「統制」に該当します。

3-5
究極の整理とは型に当てはめて考えること

　漏れなくダブリなく考えることはとても重要ですが、どのように整理すればいいか、その切り口を考えるのは大変です。また、思いついた切り口が正しいかどうかも、自分では判断がつきません。しかし、そんなときでも心配無用です。大変ありがたいことに、世の中にはあらかじめ様々な切り口となる型が用意されているのです。この型を**フレームワーク**といいます。

　フレームワークについて簡単な例で説明します。アルファ社では社内レクリエーションとしてバーベキューパーティを開催することになり、田中君が幹事を任されたとします。レクリエーションといっても、役員や他部署の社員など色々な人が参加しますので、しっかりと企画をしなければなりません。ところが、せっかく頑張って企画をしてもバーベキューパーティ当日に下記のような不平不満が起こってしまうのです。

💡 シーン　バーベキューパーティ参加者のそれぞれの不満

Aさん　「今日は土曜日でしょ。せっかくの土曜日をゆっくりと過ごそうと思っていたのに、いったい何のためにバーベキューパーティなんかするんですか。こんなの仕事の延長じゃないですか」

Bさん　「今日は会社の行事なのに、子どもと一緒に参加している人

がいるじゃないですか。家族も一緒に連れてきてもよいのなら、どうしてそのような案内をしてくれないのですか。うちは、子どもに留守番をさせてきたのに、それなら最初から言ってよ」

Cさん「準備された食べ物が牛肉、豚肉、鶏肉、ソーセージなど肉系ばかりで野菜が足りないじゃないか」

D役員「君ね〜、私にひとこと挨拶をしてほしいと言ったから、そのつもりでいたんだけど、乾杯の挨拶ではなく、中締めの挨拶なのか。その時間帯は私も酔っぱらって、言うこと忘れてしまうじゃないか。それなら最初から言ってくれよ」

　忙しい仕事の合間に時間を割いて企画を考えてきたのに、こんなことばかり言われたら、何のために準備したのか、嫌になってしまいます。しかし、厳しいようですが、このような不平不満が出るのは、企画した田中君の責任なのです。企画をする際に漏れやダブリが起こっているのです。

　このようなことが起こらないために使うのがフレームワークです。では、今回のような企画を進める際にどのようなフレームワークを使えばよいでしょうか。これは誰もが知っている5W3H（状況に応じて5W1Hや5W2H）を使えばいいのです。**5W3HとはWhen（いつ）、Where（どこで）、Who（だれが）、What（何を）、Why（なぜ）、How（どのように）、How many（いくつ）、How much（いくらで）を考えるためのフレームワーク**です。

　先ほどのAさんの不満はWhy（なぜ）がしっかり理解されていないのです。なぜ、バーベキューパーティを土曜日に実施す

るのか、その目的を説明する必要があります。この場合であれば、「バーベキューパーティの目的は、普段他部門の方と交流できないため、部門間の交流を深めるために実施します」などの目的を伝えるべきです。そして、「平日の業務終了後は遠方の社員は参加できないので、あえて土曜日の開催とさせていただきました。業務ではありませんので、自由参加とします」と伝えなければなりません。

　Bさんの不満はWho（誰が）が明確にされていないために起こっています。参加資格は誰なのかを示すべきです。「役員は参加してもいいのか」「ＯＢ社員でもいいのか」「家族連れでもいいのか」「友達も呼んでいいのか」などを決めておけば、Bさんのような不満は出ません。

　Cさんの不満はWhat（何を）が明確になっていないために起こっています。ここでは買い物リストを作成していないことが問題です。バーベキューパーティに用意する食べ物には、肉類と野菜類が必要です。ところが、肉系ばかりそろえているため重複が起こり、野菜が少ないために漏れが起きています。

　D役員の不満はHow（どのように）に関する不満です。ここでは、具体的にどのようなスケジュールで進行するか、計画を立てなければいけません。D役員にひと言、挨拶をお願いするのであれば、乾杯時なのか、中締めなのか事前にスケジュールの打ち合わせをすべきです。そうすれば、バーベキューパーティ当日にD役員からお叱りを受けることはありません。

　バーベキューパーティにかかわらず、何かを企画するときは５Ｗ３Ｈに沿って考えれば漏れなくダブリなく企画することができ、このような不平不満はなくなります。

3 – 6
フレームワークを活用すれば 楽ができる

　フレームワークは横文字のため、何か難しくてとっつきにくいような印象を持つかもしれませんが、決してそんなことはありません。**フレームワークを日本語に置き換えるとしたら、「型にはめる」と言い換えられます。**型にはめるとはあらかじめ用意された箱の中に、1つずつ必要なことを当てはめていくことです。それだけで、漏れなくダブリなく考えることができます。

　そのため、できるだけ早い段階からフレームワークに慣れ親しんでおいたほうがよいのです。5W3Hのフレームワークなどは、とくに新入社員に必須です。

　以下は近藤課長が田中君に対して業務指示をしているシーンです。あなたが田中君なら、確実に指示内容を把握することができるでしょうか?

💡 シーン　近藤課長の指示があいまいで業務に漏れが出る

近藤課長　「田中君、忙しいところすまんが、ちょっといいかね」

田中君　「はい、お呼びでしょうか」

近藤課長　「田中君、ここに資料が5枚あるんだけど、20部コピーして総務部に持っていってもらえるかな」

田中君　(メモを取りながら)「はい、この5枚の資料を20部コピー

して、総務部に持っていけばよろしいですね。承知しました」

　さて、田中君は確実に指示を理解したといえるのでしょうか？　実は、これだけでは確実に指示を受けたことにはなりません。必要なことをすべて伝えていない近藤課長にも責任はありますが、近藤課長も忙しくてきちんと指示内容を伝えきれないこともあります。そんなときに部下がしっかりと指示内容を聞き取ることができれば、近藤課長も安心して仕事を任せられます。では、上記のような場合、どのような確認をすればよいでしょうか。５Ｗ３Ｈ（ここでは５Ｗ１Ｈ）に沿って考えてみましょう。

When（いつ）：「この資料はいつまでに総務部に届けないといけませんか」と期限を確認する
Where（どこで）：先のシーンでは届ける場所が総務部と指定されているので問題ない。ただし、大きな組織で総務部が分かれていることがあるので、その場合は「総務部とは本社総務部か大阪支店の総務部のどちらになりますか」などと確認が必要
Who（誰）：「総務部のどなた宛てにお届けすればいいですか」と渡す相手を確認。総務部に行って資料を渡そうとしても、「誰宛てですか」と聞かれてから、「わかりません」と答えるようでは仕事にならない
What(何を)：先のシーンでは、何をするのかは「コピー50部取って届けること」なのでここは問題ない
Why（目的）：このシーンの場合の仕事の目的は近藤課長に「何でですか？」と聞くことはできない。自分自身でなぜこの

仕事が必要なのか、この資料にはどのような意味があるのかを考えなければならない。その資料が機密性の高いものであれば、それなりの取り扱いをする必要があるので、何も考えずに単純にコピーをするのは避ける

How（どのように）：このシーンでは How が重要。実は近藤課長の指示は漏れだらけなので、指示内容を明確にするために必要なことは以下のシーンのように確認すべき

💡 シーン　指示があいまいな近藤課長に上手く対応する

田中君　「コピー50部ですが、何点か確認させてもらってもよろしいでしょうか。まず、白黒かカラーの指定はございますか？　また片面コピーか両面コピーはどちらがよろしいでしょうか？」

近藤課長　「カラーでお願いできるかな。そして片面コピーで頼むね」

田中君　「はい、カラーの片面コピーですね。次に、コピーはそれぞれホッチキス留めにしますか？　二穴パンチで穴を開けたほうがいいですか？」

近藤課長　「左上にホッチキス留めで頼むよ」

田中君　「はい、左上ホッチキス留めですね。この資料は機密情報が含まれているようですが、それぞれ封筒に入れたほうがよいですか？」

近藤課長　「そうだな。機密情報は入っているが、そこまでしなくてもいいので、総務部できちんと取扱いしてもらうように言っておくよ」

田中君　「はい、承知しました」

ここまで確認できればほぼ完ぺきですが、実はもう1つ重要なことを忘れています。気づきましたか？　それは原紙の扱いをどうすればよいかです。原紙は近藤課長に戻すのか、一緒に総務部に提出するのか確認が必要です。ここまで確認できれば安心です。

　一見簡単そうなコピーであったとしても、実は確認すべきことがたくさんあります。上司も忙しいので、細かいことまで気が回らず、詳細について言わないこともあります。

　そのため、あいまいなことはそのままにせず、確実に確認しなければなりません。上司から面倒と思われるかもしれませんが、わからないことを確認もせず、自分の解釈で勝手に行動するほうが問題です。そのために使えるのが5W3Hのフレームワークなのです。

　逆に、あなたが上司の立場で部下がいるなら、5W3Hを部下に指示する際に活用できます。部下からすると、内容があいまいで漏れだらけの指示をする上司とは一緒に仕事はやりたくないものです。部下から上司に対して、「漏れやダブリのない指示をしてください」とは言えませんので、わかりやすい指示をするためには5W3Hのフレームワークを意識します。そうすれば、部下の立場に立って指示が出せるよい上司になります。

3-7
フレームワークは
使い方がわかれば簡単

　フレームワークには様々なパターンがありますが、それらをすべて覚える必要はありません。そもそも膨大な数のフレームワークをすべて覚えるのは不可能です。自分が何か問題や課題に直面したときに、どのようなフレームワークを使えばいいかを知っておくだけで構わないのです。

　商品の売れ行きが悪いアルファ社では、全社的にテコ入れが必要だということになりました。営業会議で近藤課長は、各営業マンに言いたいことを遠慮なく発言してほしいと伝えました。すると、次のようなコメントが出てきました。

💡 シーン　会議で言いたい放題に発言する営業マン

営業マンA　「当社は品ぞろえが少ないです。もっと商品のラインアップを増やさないと売上増は期待できません」

営業マンB　「いや、当社の商品は価格が高いのです。価格を現在よりも下げることによって、さらに売れるはずです」

営業マンC　「ちょっと待ってください。みなさん、考えが古いですね。新商品とか価格とか、そんなことばかり言っているので駄目なんですよ。当社はインターネット販売が中途半端です。店頭での売上云々よりも、インターネット販売に力を入れるべきです」

営業マンD　「そもそも消費者に認知されていないのが問題なのはわかっているでしょう。まずはテレビCMをゴールデンタイムに流して、消費者の認知度を上げるべきです」

　さて、営業マンは言いたい放題ですが、これらの意見をどのように整理すればいいのでしょうか。このような場合に使えるフレームワークにマーケティングの4Pがあります。**4Pとは「Product（商品）」「Price（価格）」「Place（販売チャネル）」「Promotion（販売促進）」のこと**で、これらの頭文字をとって4Pといいます。マーケティングとはこの4Pについて検討し、総合的に何をするのかを決めていきます。

　あらためて各営業マンが述べていることを整理すると、次のようになります。

　営業マンAは新商品について述べていますのでProductです。営業マンBは価格について述べていますのでPriceです。営業マンCはインターネット販売をすべきと述べています。インターネットによる販売は販売チャネルのことでPlaceになります。営業マンDはテレビCMについて述べています。宣伝広告やキャンペーンの実施、プレス発表を行なうことなどはPromotionになります。

　マーケティングでは何か1つを取り上げて検討するのではなく、4Pのすべてを網羅的に検討し、予算や期間などに応じて、どのようにすればいいのかを考えます。つまり思い込みで小手先の対策を考えるのではなく、売上を上げるためには、何をすべきかを総合的に検討する際の4Pを知っておけばよいのです。

他の例を考えてみましょう。アルファ社は小規模でありますが、コンビニエンスストアの運営もしています。食品メーカーに委託して看板商品のお弁当を作っています。最近、お客様からある食品メーカーが作っているお弁当に対して、クレームが頻発するようになってきたのです。そのクレームとは生煮えのかぼちゃ、塩辛い大根、煮物の汁がこぼれているなどです。そこで、田中君をリーダーとする数名が選ばれて工場に乗り込み、この工場を片っ端から調査することになりました。ただし、広い工場を隅から隅まで調べるといっても、どこから手をつければよいかわかりません。ある程度仮説を立てて工場に乗り込むべきです。そこで田中君が調査メンバーと打ち合わせを行なったところ、次のような意見が出てきました。

💡 シーン　工場に行く前の打合せで出た調査メンバーの意見

調査メンバーE　「このような問題が起こるのは、絶対に働いている従業員に問題があるはずですよ。おそらく不慣れな従業員がミスを犯しているのだと思います」

調査メンバーF　「いや、器具ですよ。恐らく耐用年数を過ぎても古い器具を使っているのだと思います」

調査メンバーG　「このようなケースの場合は、見落とされがちになるものがあります。それは原材料です。恐らく使用する原材料を間違って使ったり、使う分量を間違っているのでしょう」

調査メンバーH　「いや、この工場にはマニュアルがないのでしょう。マニュアルがないので、統一した調理方法が確立しておらず、問題が発生するのですよ」

さて、調査メンバーから様々なコメントが出てきました。では、これらのコメントをどのように整理すべきでしょうか。このような場合に使えるフレームワークに４Ｍがあります。**４Ｍとは製造業の問題を発見するフレームワークで、Man（人）、Machine（機械）、Material（原材料）、Method（方法）** の頭文字をとって４Ｍといいます（５章－１）。製造業で問題を発見する際はこの４Ｍを総合的に調査する必要があります。

　あらためて各調査メンバーが述べていることを整理すると、次のようになります。調査メンバーＥは従業員の不慣れさについて述べています。従業員は人のことなので Man です。調査メンバーＦは器具の耐用年数について述べていますので Machine です。調査メンバーＧは原材料の使用法や使用分量について述べていますので Material になります。調査メンバーＨはマニュアルについて述べています。マニュアルは方法について書かれているものですので、Method になります。

　工場で何か問題が起こったときは、思い付きや決め込みで何か１つを取りあげて調査するのではなく、４Ｍのすべてを網羅的に調査し、どこに問題があるのかを考えます。つまり４Ｍを知っておけば、問題を調査するときに困らないのです。４Ｐと４Ｍのようなフレームワークは他にも色々とあります。直面する問題や課題に応じて、適切なフレームワークを活用すれば、漏れやダブリなく検討できます。

3−8

網を張って考える

　工場の問題を発見するフレームワークとして４Ｍを学んだ田中君は、意気揚々と工場に乗り込みました。Man（人）、Machine（機械）、Material（原材料）、Method（方法）の切り口で工場内をくまなく調べようとしましたが、いざ工場に到着すると、どこから手をつけてよいかわからなくなってきました。調査メンバーは、それぞれ勝手なことを言っています。

💡 シーン　好き勝手に意見を述べる調査メンバー

調査メンバーE　「私は Man（人）の視点で問題を考えました。調理工程で野菜を洗ってカットをしている担当者が怪しいと思います。おそらく包丁の使い方に慣れていないのでしょう」

調査メンバーF　「いや、私は Machine（機械）の視点で問題を考えているのですが、出荷の際に使っているフォークリフトに問題があると思います。かなり以前に購入したようで、先が曲がって平行に物が運べないのだと思います。荷物の受けおろしの際に恐らく弁当箱が傾いてしまうのでしょう」

調査メンバーG　「私は Material（原材料）の視点で問題を考えました。とくに粉モノの保管から、使用に至るまでの工程がおかしいと思います。同じ白色の粉でも、砂糖・塩・小麦粉・片栗粉など様々

な原材料があります。これらを間違って使っているのだと思います」

調査メンバーＨ　「いや、絶対にマニュアルでしょう。工場では Method（方法）がしっかりと確立しているはずです。私が調べたところ、この工場にマニュアルはあったのですが、フォークリフトの使用方法しか記載されておらず、原材料の発注から出荷に至る作業が属人的になっている可能性があると思います」

　さて、田中君をリーダーとする数名の意見はきちんと４Ｍの視点で問題を捉えようとしているため、一見、漏れやダブリはなさそうです。しかし、どうも４Ｍの視点だけではまだ漏れがありそうです。

　実はメンバーの発言には、すでにもう１つの視点が入っているのです。それは"工程（プロセス）"です。食品工場におけるプロセスには少なくとも、発注・入荷・検品・保管・洗浄・カット・加熱・味付け・弁当箱詰め・冷却・保存・出荷に至る一連の流れがあります。それらの中でどの工程に問題があるのか、思い込みで特定の工程だけ調査をしても、そこには漏れが発生するので、各工程を網羅的に調べる必要があります。この工程は時系列・ステップ型ＭＥＣＥの切り口です。ここでは簡単にステップを３つに分けて、「川上工程・川中工程・川下工程」としておきましょう。４Ｍの視点と工程の視点を掛け合わせて、網を張るように見ると、次ページ表になります。

　このように全体を見渡すと網掛けの箇所は調査対象になっていないため、漏れがあるといえます。たとえばMan（人）の視点であれば、発注から倉庫への保管など、川上工程に配置されている人も調査すべきです。そして、冷却した商品を倉庫から

■ 網を張る思考

	川上	川中	川下
人		野菜の洗浄 包丁に不慣れ	
機械			古いフォーク リフト
原材料	白い粉モノの保管から 使用に至る工程		
方法	マニュアルに不備がある （フォークリフトの使用方法しか記載なし）		

取り出して荷積み、出荷するまでの川下の工程に配置されている人も調査しなければなりません。Machine（機械）の視点であれば、川上工程で使用している運搬機、川中工程に設置されている電気コンロなどの器具類なども調査対象です。Material（原材料）の視点は、川下に漏れがありそうですが、川下工程に原材料の取り扱い自体がなければ、空欄でも構いません。Method（方法）の視点は、マニュアルの存在も当然ですが、実際には包丁の使い方、火力の設定、調理時間、味付けなど具体的な方法自体に問題がないかも調査すべきです。

　4Mを縦軸、時系列・ステップ型のフレームワークを横軸にとって掛け合わせると、より網羅的に調査対象を列挙できます。

　このように縦軸と横軸に分析の切り口となるフレームワークを入れ、それぞれを掛け合わせて表にしたものを**マトリックス型フレームワーク**といいます（5章－1）。マトリックス型フレームワークを使えば、調査により網羅性を持たせることができ、問題の見逃しを極力なくすことが可能です。

コラム　マトリックス型フレームワーク

　マトリックス型フレームワークのことを「2軸マップ」と表現することもあります。縦軸と横軸を何にするかによって分析フレームに様々な工夫をすることができます。2軸マップで一番シンプルなものは、各軸の切り口が対立項である2つの項目で成り立つものです。対立項とは「高い・安い」「大きい・小さい」「重要・重要でない」「緊急・緊急でない」などです。「重要・重要でない」「緊急・緊急でない」を2軸にとったマトリックスは、優先順位を決める際のマトリックスとしてよく使われています。抱えている仕事や案件などをこのマトリックスの中で分類して整理し、重要かつ緊急の象限に入ったものは優先順位が一番高いと判断できます。このように4つの象限から成り立つため「4象限マトリックス」ともいいます。

■ 4象限マトリックス

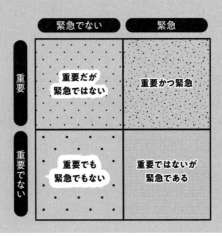

3-9

マトリックス思考で自己分析に挑戦

　マトリックス型フレームワークは、縦軸と横軸の項目を何にするかによって、様々な分析フレームワークができます。最も有名なものの1つは、重要緊急マトリックスです。その他にも有名な**「SWOT分析」**があります。これは、企業の環境分析で用いられるものですが、自己分析として使うこともできます。

　ある学生さんの面談の例を取りあげて、どのような仕事が相応しいかをSWOT分析を用いて考えてみましょう。

♀ シーン　佐々木さんが先輩の田中君に就職活動の相談をする

佐々木さん　「田中さん、実はいまだに私にはどんな仕事が向いているかわからないのです。ですから、企業訪問にも力が入らなくて就職活動が停滞気味なんです」

田中君　「決して焦ることはないと思うけど、きちんとビジネス環境と自分のことを理解し、最適な選択をしたほうがよいと思うよ」

佐々木さん　「私自身、自分のことよくわかっていないかもしれません」

田中君　「では、佐々木さん自身どんな長所があると思う？」

佐々木さん　「そうですね。学生の頃はアメリカに1年留学し、国内

でも英語学校に通い続けていましたので、ビジネス英語は得意です」

田中君 「それは素晴らしいね」

佐々木さん 「でも、逆に理科系の科目は駄目なんです。とくに化学記号が苦手でいまだにわかりません」

田中君 「じゃあ、体力面はどうかな。何かスポーツはやってたの?」

佐々木さん 「とくにクラブには入っていませんが、市民マラソンにはよく出ていて、毎年フルマラソンを完走しています」

田中君 「それもすごい体力と精神力だよね」

佐々木さん 「あと、恥ずかしいので言うかどうか迷っていたのですけど、私数学が苦手なんです。難しい方程式を見たら、じんましんが出そうになるくらい数字アレルギーなんです」

　ここまでの会話で、田中君は佐々木さんの長所と短所について聞きました。このあとからは佐々木さんの内面ではなく、ビジネス環境についての考えを聞き出していきます。

田中君 「話題を変えるけど、ビジネスの世界ではどのような機会があるかな。機会というと我々にとって追い風となるようなチャンスのことだね」

佐々木さん 「そうですね。やはり、外国人旅行者の増加による消費増が期待できますね。地球環境を守るためのビジネスも脚光を浴びると思います。医療の世界では、ウイルス感染、癌治療、認知症などに関する領域が伸びると思います。また5Gによって様々なネットサービスも生まれるでしょうし、高齢化に伴い元気なお年寄りを対象にしたビジネスは伸びるでしょうね」

田中君 「佐々木さん、よく勉強しているね。では、逆にビジネスの

世界における脅威はあるかな。脅威とは我々にとって向かい風になるようなピンチのことだね」

佐々木さん 「やはり、若い人が少なくなるので、労働者の減少、税制面や年金なども気になりますね。人口の都市部への一極集中はすぐに改善されそうもないし、保護主義の台頭で貿易摩擦もますます激しくなりそう」

　これで、ビジネス環境についても整理できました。いよいよ、佐々木さんに向いている仕事は何か考えてみます。

田中君 「佐々木さん、色々出てきたね。では、先ほどビジネスの機会を見てきたけど、佐々木さんにとって活かしてみたいと思うチャンスってあるかな」

佐々木さん 「そうですね。やはり外国人旅行者は今後も増えると思うので、インバウンドに関わる仕事は私にとってもチャンスかもしれないですね」

田中君 「では、インバウンド関連のビジネスに関わるのに、佐々木さんのどんな長所を活かせるかな」

佐々木さん 「そうですね。やはり英語力だと思います」

田中君 「英語を活かした仕事にも色々とあると思うんだけど、佐々木さんがフルマラソンで培ってきた体力や精神力も活かせそうだ」

佐々木さん 「そうですね。とくに外国人旅行者を受け入れる観光業では、長時間観光案内をするので、体力が求められますね。そういう意味で外国人旅行者を対象にしたツアーコンダクターが向いているかもしれないですね」

■ 佐々木さんのSWOT分析

	プラス要因	マイナス要因
	強み	**弱み**
内部要因	・ビジネスでも通用する英語力 ・フルマラソンを完走する体力と精神力	・理科系科目が苦手で化学記号読めず ・数学が苦手
	機会	**脅威**
外部要因	・外国人旅行者の増加による消費増 ・地球環境ビジネス ・ウイルス対策、癌治療、認知症対策 ・5Gによる高度なネットサービス ・元気なお年寄りを対象にしたビジネス	・若年労働者の減少 ・税制面や年金問題 ・都市部への一極集中 ・貿易摩擦

　田中君と佐々木さんの会話は、何気ない会話のようですが、実はSWOT分析のマトリックスに当てはめて会話をしているのです。この会話をSWOT分析の図で整理します（上図）。

　この図で整理すると、田中君と佐々木さんの会話は綺麗に4つの象限に納まりました。そしてSWOT分析は作れば終わりではなく、その次があります。先ほどの会話ではどの機会（チャンス・追い風）を活かせるかを確認し、外国人旅行者の増加が佐々木さんにとって機会であることが見出されました。
　そして、そのチャンスをものにするために佐々木さんの強みである英語力・体力・精神力が活かせるのではないかというこ

とから、外国人旅行者を対象にしたツアーコンダクターという
選択肢が見出されたのです。

コラム　ＳＷＯＴ分析とクロスＳＷＯＴ分析

「ＳＷＯＴ分析」はプラス要因とマイナス要因を横軸に、
内部要因と外部要因を縦軸に取り、それぞれを掛け合わ
せることで、強み（Strength）、弱み（Weakness）、機会
（Opportunity）、脅威（Threat）の４象限を作り、企業の
置かれた環境を分析します。これらのアルファベットの頭文
字を取って「ＳＷＯＴ分析」といいます（次ページ上図）。

　さらにＳＷＯＴ分析の強みと弱みを横軸に、機会と脅威
を縦軸に取り、それぞれを掛け合わせることで戦略を考え
ることを「クロスＳＷＯＴ分析」といいます（次ページ下
図）。

　たとえば、強み×機会はビジネスチャンスを自社の強み
を使ってものにすることができないか、弱み×機会は自社
の弱みがあることで、せっかくのビジネスチャンスを逸し
ないために何をすればよいか、強み×脅威はビジネスの向
かい風に負けないために自社の強みで回避できないか、弱
み×脅威は向かい風に対して弱みがあることで、最悪の事
態にならないために何をすべきかを検討します。

　これらの組み合わせの結果出てきた様々な戦略のことを
「戦略オプション」といいます。この戦略オプションの中か
ら採用すべき戦略を選んでいきます。

■ ＳＷＯＴ分析

	プラス要因	マイナス要因
	強み	**弱み**
内部要因	経営活動において、競合他社より競争優位性のある要因を自社の内部に有している。事業上の好影響、すなわち収益の向上や市場の拡大が見込める内部要因	経営活動における経営機能や経営資源が、競合他社より競争優位性のない要因を自社の内部に有している。事業上の悪影響、すなわち収益の低下や市場の縮小を招く内部要因
	機会	**脅威**
外部要因	経営活動において自社がコントロールできないが望ましい外部環境要因。今後収益を見込める可能性があり、事業上の好影響、すなわち収益の向上や市場の拡大が見込める外部要因	経営活動において自社がコントロールできない望ましくない外部環境要因。今後収益を損なう可能性があり、事業上の悪影響、すなわち収益の低下や市場の縮小を招く外部要因

■ クロスＳＷＯＴ分析

	強み	弱み
	【強み×機会＝積極的攻勢】	**【弱み×機会＝弱点強化】**
機会	強みを武器にして機会を最大限に生かす。強みによって機会を最大限に活用するために取り組むべきことは何か	弱みによって機会を失わないように対策を打つ。弱みによって機会を逃さないために取り組むべきことは何か
	【強み×脅威＝差別化戦略】	**【弱み×脅威＝防衛策】**
脅威	強みを生かして脅威に対抗する。強みによって脅威による悪影響を回避するために取り組むべきことは何か	弱みと脅威が重なる最悪の事態を回避する。弱みと脅威により最悪の結果となることを回避するために取り組むべきことは何か

4章

ロジカルに
「伝える」ための基本

4-1

言いたいことを組み立てる

　収拾がつかない会議に出くわした経験はありませんか？　様々な意見が飛び交い、結局何も決まらない……、何ていうことはよくあるものです。

　アルファ社ではパソコンの売上不振が続いていて、営業会議で近藤課長がカミナリを落とし、3人の営業マンから言い訳が次々に出てきています。

💡 シーン　パソコンの売上不振に対する営業担当者の言い訳

近藤課長　「どうして主力商品なのに、ノートパソコンの売上が伸びないんだ！」

①**営業マンA**　「景気が悪化しているんですよ」

②**営業マンB**　「店頭での販売価格が下がってきています」

③**営業マンC**　「この3年間で、営業部員が30人から20人に減らされてしまいました」

④**営業マンA**　「追加生産が困難なので、在庫の補充ができません」

⑤**営業マンB**　「競合他社は次々に新商品を投入しています」

⑥**営業マンC**　「どうも国の経済政策が悪いと思います」

⑦**営業マンA**　「新入社員の採用が見送られ、営業部員の補充がありません」

⑧**営業マンB**　「消費者はネットで簡単に価格の比較ができるので、安い商品に流れていきます」

⑨**営業マンC**　「小規模の得意先が、3年前の20社から50社にまで増えたのです」

⑩**営業マンA**　「販売開始後たったの半年で、次の品番に入れ替わるのです」

⑪**営業マンB**　「携帯端末にシェアを奪われ、パソコンの業界自体が不振なんです」

⑫**営業マンC**　「安い輸入品が増加しているのです」

近藤課長　「君たちね、言いたいことはわかるが、言い訳のオンパレードだな。そんなに言い訳ばかり並べて、いったいどうすればいいんだ」

　近藤課長はお手上げの様子で、この後どう議論を進めていいのかわからなくなりました。気を取り直して営業担当者から出てきた言い訳をよく見ると、似たものがいくつかあります。

　ここで、2章−2で学んだ帰納法を思い出してください。似たような情報から何が言えるのかを考えると、ある傾向が見えてきます。

①**営業マンA**　「景気が悪化しているんですよ」

⑥**営業マンC**　「どうも国の経済政策が悪いと思います」

⑪**営業マンB**　「携帯端末にシェアを奪われ、パソコンの業界自体が不振なんです」

　これら3つを、何かひと言で表現できないでしょうか？　景気の悪化、国の経済政策が悪い、業界自体が不振などは、自社

では解決することができない外部要因です。「外部環境が悪化している」とひと言にまとめて表現できます。

③**営業マンC**　「この３年間で、営業部員が30人から20人に減らされてしまいました」

⑦**営業マンA**　「新入社員の採用が見送られ、営業部員の補充がありません」

⑨**営業マンC**　「小規模の得意先が、３年前の20社から50社にまで増えたのです」

　以上の３つをひと言で表現すると、何が言えるでしょうか？　営業の人数が減って補充もなく、担当する小規模の得意先が増えているので、「営業効率が悪化している」と言えます。

②**営業マンB**　「店頭での販売価格が下がってきています」

⑧**営業マンB**　「消費者はネットで簡単に価格の比較ができるので、安い商品に流れていきます」

⑫**営業マンC**　「安い輸入品が増加しているのです」

　以上の３つをまとめると、何が言えるでしょうか？　これらはすべて厳しい価格競争について述べていますので、「価格競争が激化している」と言えます。

④**営業マンA**　「追加生産が困難なので、在庫の補充ができません」

⑤**営業マンB**　「競合他社は次々に新商品を投入しています」

⑩**営業マンA**　「販売開始後たったの半年で、次の品番に入れ替わるのです」

　以上の３つはいかがでしょうか？　商品が小ロットで生産さ

れ、追加生産がなく、すぐに新しい商品に入れ替わる様子がわかります。このことから、「商品のライフサイクルが短期化している」と言えます。

　営業マンの多くの言い訳を、4つに集約することができました。あらためて確認すると、「外部環境が悪化している」「営業効率が悪化している」「価格競争が激化している」「商品のライフサイクルが短期化している」の4つです。では、さらにこれらの4つから、何が言えるでしょうか？

　たとえば、「パソコン事業の抜本的な見直しが必要である」「パソコン事業を売却すべきである」「パソコン事業を縮小すべきである」などの主張を導き出すことができます。

　営業マンの様々な言い訳がありましたが、よく似た情報から帰納的に何が言えるかを考え、さらに主張に導いていくと、会社として取り組むべき方向性が見えてきます。

コラム　ピラミッドストラクチャー

　「ピラミッドストラクチャー」とは読んで字のごとく、ピラミッドを構築していくように、様々な情報から何が言えるかを推論し、主張を積み上げていく思考のツールです。上記の営業会議の例を図示すると、次ページ図のようなピラミッド構造になります。

　ピラミッド構造の一番下は各営業マンの意見で、似たものをグルーピングしたものです。それらを帰納的に積み上げると、4つの項目が出てきました。そして、それら4つ

から考えられることを最上位に積み上げたものが「主張」
となります。

■ 営業会議の内容を表すピラミッドストラクチャー

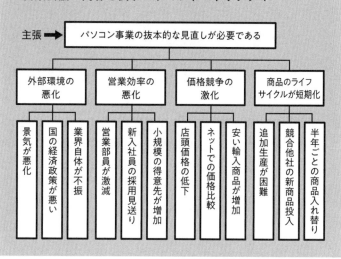

4-2

筋が通っているとは
どういうことか？

　私は会社員時代によく上司から「君の話は筋が通っていないので、もっとよく考えなさい」と言われていました。私なりに、わかりやすいように話しているつもりでしたが、そもそも筋が通っているとはどういうことか、またその確認はどのようにすればよいのかわかっていませんでした。

　実は筋が通っているというのは、2章で説明した三角ロジックで説明できるのです。三角ロジックとは、三角形の頂点に「主張」と「論拠」と「データ」があり、この3つのつながりを意識して、言いたいことを整理するものでした。

　三角ロジックでは、主張⇔論拠⇔データの間に関連があることが、筋が通っていることになります。そして**三角ロジックをさらに拡大すると、ピラミッドストラクチャーになります**（次ページ図）。つまり、ピラミッドストラクチャーでも筋が通っているか確認できます。

　では、先ほどのアルファ社のパソコン事業の営業会議の例で考えましょう。近藤課長の「どうして主力商品なのに、ノートパソコンの売上が伸びないんだ」というカミナリに対して、各営業マンから様々な言い訳が出てきました。これらの言い訳を、似た者どうしをまとめてひと言で表現した結果、「外部環境が悪

■ 三角ロジックからピラミッドストラクチャーへ

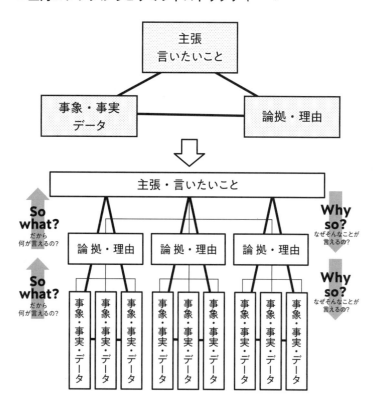

化している」「営業効率が悪化している」「価格競争が激化している」「商品のライフサイクルが短期化している」と４つにまとめることができました。

　このように営業担当者の言い訳を、似たものどうしでグループ化し、それに対して **「So what？（だから何が言えるの？）」** と問いかけてみた結果、出てきたものがこれら４つの項目です。

その４つの項目すべてに対し、さらに So what？（だから何が言えるの？）と問いかけてみた結果、出てきた結論が「パソコン事業の抜本的な見直しが必要である」という主張でした。

　このように So what？と問うことで「何が言えるのか」を考えながら、最後の主張に導いていくことが、ロジックの構築です。ただし、ピラミッドストラクチャーはここで終わりではありません。下から積み上げた主張の筋が通っているかを確認するために、今度は上から下に向かって主張を検証していきます。その際は、**「Why so？（なぜそんなことが言えるの？）」**という問いかけをし、下の各項目がその問いに答えられているか確認を行ないます。今回の主張を上から順番に、下に向かって検証してみます。

主張：「当社はパソコン事業の抜本的な見直しが必要である」

Why so？（なぜそんなことが言えるの？）
・ **論拠**
　なぜならば、大きく４つの理由があります。まず１つ目は、外部環境が悪化しているからです。２つ目は営業効率が悪化しているからです。３つ目は価格競争が激化しているからです。そして４つ目は商品のライフサイクルが短期化しているからです。

Why so？（なぜそんなことが言えるの？）
・ **事象・事実・データ**
　では、具体的にご説明致します。１つ目の外部環境の悪化に

ついてですが、ご存知の通りここ数年景気が悪化しています。そのような状況でも、国の経済政策が悪く期待できません。また、最近は新型の携帯端末にシェアを奪われ、パソコンの業界自体が不振です。これらにより、外部環境が悪化していると言えます。

　2つ目の営業効率が悪化していることですが、この3年間で営業部員が30人から20人に減っています。また、その間、新入社員の採用も見送られており、営業部員の補充がありません。そして、小規模の得意先が3年前の20社から50社にまで増えてしまったのです。したがって、営業効率が悪化していると言えます。

　3つ目の価格競争の激化についてですが、最近では店頭での販売価格が下がっています。また、消費者はネットで簡単に価格の比較ができるため、安い商品に流れていきます。そして、海外からは安い輸入品が増加しているのです。したがって価格競争が激化していると言えます。

　最後に4つ目の商品のライフサイクルが短期化していることについてご説明します。当社では追加生産が困難なため、商品が補充できません。競合他社は次から次へと新商品を投入しています。そして、せっかく売り場を確保したとしても、販売開始後たったの半年で、次の品番に入れ替わってしまうのです。したがって商品のライフサイクルが短期化していると言えます。

- **主張に戻る**

　以上、外部環境の悪化、営業効率の悪化、価格競争の激化、商品ライフサイクルの短期化の4つの理由により、当社はパソ

コン事業の抜本的な見直しが必要であると主張いたします。

　以上のように、ピラミッドの頂点の主張から、Why so？（なぜそんなことが言えるの？）と問いかけることにより、下に向かって論拠を説明し、さらに Why so？（なぜそんなことが言えるの？）と問いかけることにより、事象・事実・データを説明してきました。上から下に向かう説明を、違和感なく聞くことができたのではないでしょうか？

　このように、下から So what？（だから何が言えるの？）でロジックを構築し、上から Why so？（なぜそんなことが言えるの？）でそのロジックを検証することで、筋が通っているか確認できます。

　上から下に向かう流れは、プレゼンテーションの原稿作りとして活用されます。プレゼンテーションでは明確な主張を述べ、その主張を納得してもらうために、論拠を説明しなければなりません。また、ただ論拠を説明するのではなく、その論拠が発表者の思い込みではない、客観的な事実に基づくものであることを裏付けるデータを示すのです。

　プレゼンテーションで重要なのは、主張に対して論拠は１つよりも、複数あったほうがより説得力が増すことです。上記の例は論拠が４つでしたが、一般的には３つの論拠が必要だと言われています。論拠が２つだと少なく、逆に論拠が７つも８つもあれば多過ぎるかもしれません。絶対的な基準はありませんが、できれば最低でも３つの論拠は揃えたいものです。

　下から上に向かってピラミッドストラクチャーを構築することを、「ボトムアップアプローチ」といいます。ここでは So what？（だから何か言えるの？）と問いかけてきました。ボトムアップアプローチで重要なのは、グルーピングする際に似た者どうしを集めることです。異なるデータを集めるとグルーピングに無理が発生し、ひと言でまとめられません。無理にまとめたとしても、その矛盾を指摘されてしまいます。

　上から下に向かってピラミッドストラクチャーの内容説明をすることを、「トップダウンアプローチ」といいます。ここでは Why so？（なぜそんなことが言えるの？）と問いかけてきました。
　トップダウンアプローチで重要なのは、違和感なく説明がなされていることです。説明を聞いていてどうもおかしいと思った場合は、論拠やそれを導き出したデータが正しいかどうか確認する必要があります。

4-3

横に筋が通っているとは

　ピラミッドストラクチャーは、下から上に向かっての問いか
け So what？（だから何が言えるの？）と、上から下に向かって
の問い掛け Why so？（なぜそんなことが言えるの？）が、つな
がっていることが重要です。これらは下から上、上から下の縦
の関係です。

　ピラミッドストラクチャーは縦だけではなく、横の関係につ
いても確認する必要があります。横の関係では、各項目がＭＥ
ＣＥであるかどうかを確認します。ピラミッドストラクチャー
を作る際は、できるだけ横の関係はＭＥＣＥであるほうが望ま
しいです。

　では、先ほどのアルファ社のパソコン事業の例を使って考え
てみましょう。
「パソコン事業の抜本的な見直しが必要である」という主張に
対し、１つ目の論拠は「外部環境の悪化」、２つ目は「営業効率
の悪化」、３つ目は「価格競争の激化」、４つ目は「商品のライ
フサイクルが短期化」でした（140 ページ図）。これらは漏れも
ダブリもない関係であるといえるでしょうか。この４つの論拠
は次のように整理できます。

　まず大きく、外部環境と内部環境の視点で分けられます。「外

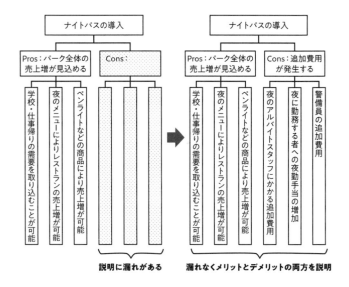

部環境の悪化」はまさしく外部環境です。それ以外の３つは内部環境です。その内部環境は「ヒト・モノ・カネ」に分けられます。営業効率が悪化しているのは「ヒト」に関すること、価格競争の激化は「カネ」に関すること、商品のライフサイクルが短期化しているのは「モノ」に関することです。したがって「ヒト・モノ・カネ」の３つの視点で論拠を説明しています。

このように１つの主張に対して、論拠をフレームワークで整理することによって、漏れなくダブリなく説明できます。

では、他の例でも考えてみましょう。私がユー・エス・ジェイで働いていた頃の、エルダーさんとの会話を使って説明します（３章 − １）。99 ページを開けながら読んでください。

私の主張をピラミッドストラクチャーで整理すると、上図の

■ 3Cを使ったピラミッドストラクチャー

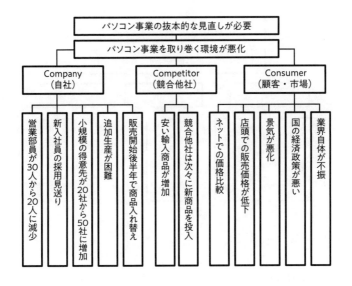

パソコン事業の抜本的な見直しが必要

パソコン事業を取り巻く環境が悪化

Company（自社）	Competitor（競合他社）	Consumer（顧客・市場）

- 営業部員が30人から20人に減少
- 新入社員の採用見送り
- 小規模の得意先が20社から50社に増加
- 追加生産が困難
- 販売開始後半年で商品入れ替え
- 安い輸入商品が増加
- 競合他社は次々に新商品を投入
- ネットでの価格比較
- 店頭での販売価格が低下
- 景気が悪化
- 国の経済政策が悪い
- 業界自体が不振

ようになります。左の説明はメリット（Pros）しか説明しておらず、漏れがあります。上司としては、メリットだけ説明されても意思決定ができません。右はデメリット（Cons）も説明し、メリットと比較検討することで意思決定しやすくなるのです。

では、先ほどのパソコン事業の例で考えてみましょう。この例は、外部環境・内部環境（ヒト・モノ・カネ）以外に、3Cというフレームワークを使って整理することもできます（上図）。

このように3Cで整理すると、「Competitor(競合他社)」の情報が少ないことに気づきます。このような場合は、競合他社の動向に関する情報収集をもっとしたほうがいいのです。

その他にも、時系列型フレームワークの「過去・現在・未来」

■ 過去・現在・未来を使ったピラミッドストラクチャー

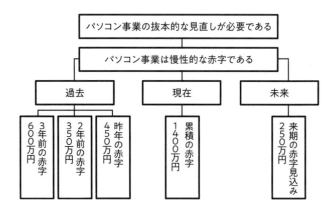

も使えます（上図）。

主張　「当社はパソコン事業の抜本的な見直しが必要です」

論拠　「理由はパソコン事業が慢性的な赤字だからです。過去3年間の営業利益が赤字続きでした。その結果、現在の累積赤字が大きく膨れ上がっています。来年も改善の見通しは立っていません」

データ　「具体的に申し上げますと、3年前の営業赤字は600万円、2年前は350万円、昨年は450万円で、現在の累積赤字は1400万円です。来期はすでに250万円の赤字が見込まれています」

主張　「したがって当社はパソコン事業の抜本的な見直しが必要です」

　このように時系列で過去・現在・未来で論拠を説明することも有効です。ピラミッドストラクチャーでは、横のつながりをフレームワークを使って整理すると網羅性があり、わかりやすい説明ができるのです。

4-4

伝わる文章を書くコツ

　みなさんは、上司からレポートや報告書がわかりにくいと言われたことはありませんか？　学校の読書感想文や作文と違い、ビジネス文書は論理的であることはもちろんですが、わかりやすさと簡潔さも求められます。では、どのようにビジネス文書を作成すればよいのでしょうか。

　本章では、これまでピラミッドストラクチャーを使って、言いたいことの組み立て方を説明してきました。実は、ピラミッドストラクチャーを活用すれば、わかりやすい文書が作成できます。

　ここでは会議でパソコン事業について議論した結果、パソコン事業の抜本的な見直しが必要であるという結論に達したことを、近藤課長が企画部の山田部長に提案するための文書を作成してみます（次ページ図）。

　まずタイトルですが、この文書で何が書かれているかがひと目でわかることが重要です。要するに新聞の見出しと同じです。読者は新聞を読むときに見出しを見れば、その内容がある程度想像がつき、読んでみようという気持ちになります。ここでは「パソコン事業の見直しについて」としていますので、何が言いたい文書なのかは明らかです。

■ ビジネス文書の例

2021年6月1日

企画部
部長　山田太郎様

営業部
課長　近藤次郎

パソコン事業の見直しについて

　標記の件につきまして、下記の通りご提案致しますので、企画部の見解も踏まえ、全社でのご検討をいただきますようお願い致します。

　営業部ではパソコン販売の不振が続くため、パソコンの事業性について議論した結果、パソコン事業の抜本的な見直しが必要であるという結論に至りました。その理由は以下の4点です。

1. パソコン事業を取り巻く外部環境の悪化
　まずはパソコン事業を取り巻く外部環境が悪化しています。具体的には下記の3点があげられます。

　(1)景気が悪化している。
　(2)国の経済政策が悪く、パソコン事業が上向くことは期待ができない。
　(3)携帯端末にシェアを奪われ、パソコンの業界自体が不振である。

2. 営業効率の悪化
　ここ数年で営業効率が悪化してきています。営業部員からは下記の指摘がなされています。

　(1)この3年間で営業部員が30人から20人に減少している。
　(2)この間、新入社員の採用も見送られており営業部員の補充がない。
　(3)小規模の得意先が3年前の20社から50社にまで増加した。

3. 価格競争の激化
　パソコンの価格競争が激しくなってきています。特に下記のような状況が顕著となっています。

　(1)店頭での販売価格が下がってきている。
　(2)ネットで簡単に価格の比較ができ、消費者が安い商品に流れている。
　(3)海外から安い輸入品が増加している。

4. 商品のライフサイクルの短期化
　パソコンのライフサイクルが短くなってきています。営業現場からは下記の報告があがってきています。

　(1)当社の生産体制では追加生産が困難なため商品の補充ができない。
　(2)競合他社は次々に新商品を投入している。
　(3)販売開始後、半年で次の品番に入れ替わる。

　以上、4点の理由により、営業部ではパソコン事業の見直しが必要であると考えております。企画部の見解も踏まえ、全社でのご検討をお願い致します。

以上

次にこの文書は何のために書かれたのか、目的を明確にしています。つまり、読者に何をしてほしいのかを示しています。この文書の宛先は企画部の部長です。企画部の部長がこの文書を読むことで、パソコン事業の見直しを検討しなければならないと認識することが目的です。

　そして、この文書の主張が述べられています。ここではパソコン事業の抜本的な見直しが必要であることを明確に述べています。

　主張を述べたら、なぜそのような主張をするのか論拠を説明しなければいけません。ここでは、4つの論拠について具体的に述べています。4つの論拠はそれぞれが独立して書かれており、1つひとつがひと目でわかりやすくなっています。明確な論拠を述べたのちに、具体的な事実や事例を提示することで、主観的にならず客観性を持たせています。

　4つの論拠の順番に着目してください。この4つは適切な順番に並んでいます。まず、冒頭に外部環境の説明をもってきています。このような文書の場合、外部環境から内部環境、マクロからミクロと説明したほうが順番としてよりわかりやすくなります。

　内部環境の3つは「ヒト・モノ・カネ」のフレームワークになっています。ヒト・モノ・カネの順番通りに書かなければいけないかというと、決してそうではありません。もっとも重要度が高いものから順番に書けばいいのです。ここでは、人員不足による営業効率の悪化から書いています。その次に価格競争、そして商品のライフサイクルの順に書いています。

文書の最後では、もう１度主張を述べて、締めくくっています（内容によっては、最後にあらためて主張を述べる必要はありません）。

　実はこの流れはプレゼンテーションのＰＲＥＰ法とまったく同じ流れです。復習になりますが、ＰＲＥＰ法は Point、Reason、Example、Point の頭文字を取ったものでした。Point は言いたいこと「主張」、Reason はその理由「論拠」、Example は具体的な事実・事例・状況などの「データ」です。そして最後にもう１度 Point「主張」を述べて締めくくります。

　以上がピラミッドストラクチャーをもとに作成した文書の例ですが、とても簡潔でわかりやすい文書であることがわかります。ピラミッドストラクチャーの構造にしたがって文書に落とし込んでいるだけです。

　ピラミッドストラクチャーを活用すると、プレゼンテーションの原稿作りにも、ビジネス文書作成の土台にもなるのです。

4-5

相手の気分を害さない伝え方

　ビジネスでは主張から述べるのが基本ですが、実はこれがすべての状況において正しいかというと、決してそうではありません。いきなり主張から述べることで、相手が気分を害することや、傷つくこともあるからです。そのような場合はいきなり主張から述べず、事実から述べて最後に主張を述べるという遠まわしの言い方もあります。

　2章-2で取り上げた研修受講生の田中君の話をあらためて見てみましょう（次ページ図）。

　この場合「お客様との商談では話し方に気をつけなさい」といきなり主張から言うと、突然注意を受けたことで佐藤君は気分を害したり、傷ついてしまうかもしれません。本来、ビジネスでは主張から述べるべきですが、それによって相手の気持ちを損ねるのはよくありません。このような場合、具体的な事実から述べ、主張は後にもってきたほうが、相手の気分を害さない言い方ができます。次ページ図の例であれば、下記のように言い換えます。

💡 シーン　相手の気分を害さずに欠点を伝える言い方

田中君　「佐藤君、ちょっといい？」

■ 三角ロジックを使った主張

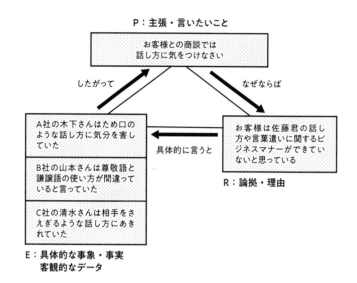

P：主張・言いたいこと

お客様との商談では
話し方に気をつけなさい

したがって　　　　　　　　　　　　なぜならば

A社の木下さんはため口の
ような話し方に気分を害し
ていた

B社の山本さんは尊敬語と
謙譲語の使い方が間違って
いると言っていた

C社の清水さんは相手をさ
えぎるような話し方にあき
れていた

具体的に言うと

お客様は佐藤君の話し
方や言葉遣いに関するビ
ジネスマナーができてい
ないと思っている

R：論拠・理由

E：具体的な事象・事実
　　客観的なデータ

佐藤君　「はい、どうしたんですか」

田中君　「A社の木下さんは、君のため口のような話し方で気分を害し
してしまったね。B社の山本さんは、君の尊敬語と謙譲語の使い方
が間違っていると言っていたよ。そしてC社の清水さんは、商談中
に相手をさえぎるような話し方に、あきれていたみたいだよ」

「私は佐藤君がお客様から悪い評価を受けることが心配なんだ」

「お客様との商談では、話し方に気をつけたほうがいいと思うよ」

「そうすれば、きっと商談も上手くいくと思うんだけど、佐藤君はど
う思うかな」

　この言い方であれば、いきなり主張を言うのではなく、具体
的な事実を認識させ、その後から主張が出てきているため、相

■ DESC話法を使った主張

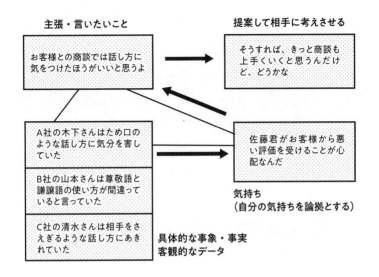

主張・言いたいこと

お客様との商談では話し方に
気をつけたほうがいいと思うよ

提案して相手に考えさせる

そうすれば、きっと商談も
上手くいくと思うんだけ
ど、どうかな

A社の木下さんはため口の
ような話し方に気分を害し
ていた

B社の山本さんは尊敬語と
謙譲語の使い方が間違って
いると言っていた

C社の清水さんは相手をさ
えぎるような話し方にあき
れていた

佐藤君がお客様から悪
い評価を受けることが心
配なんだ

気持ち
（自分の気持ちを論拠とする）

具体的な事象・事実
客観的なデータ

手の気分を害さず言いたいことが言えます。これを三角ロジックに当てはめて説明しますので上図を見てください。

上図では、まずお客様のコメントを客観的な事実として相手に認識させています。ここで重要なのは、お客様のコメントは"事実"であるということです。上司の勝手な想像や思い込みと事実を取り違えないようにしなければなりません。

次に、自分の気持ちを伝えます。相手のことを思う気持ちを、誠意を込めて伝えます。そして、自分が言いたい主張を述べます。ただし、言い方には十分気をつけなければなりません。

三角ロジックではここで終わりですが、主張を言いっ放しにするのではなく、最後にボールを相手に投げます。ここでは、

「そうすれば、きっと商談も上手くいくと思うんだけど、どうかな」と言って、相手にボールを投げて提案をしています。つまり、ここで相手に考えさせるのです。話し手の思いが伝われば、相手はその提案を前向きに取り入れようとします。

　ロジカル・シンキングでは、主張から述べるのが基本です。しかし、いきなり主張から入ると、気持ちへの配慮が欠けてしまい、相手が気分を害することがあります。人は感情の生き物ですので、時と場合によってはあえてこのような遠回しな言い方を考えることも、ロジカルに考えているという証拠です。

コラム　ＤＥＳＣ話法

　ここで説明してきた遠回しな言い方は、「ＤＥＳＣ話法」といいます。ＤＥＳＣ話法とは、Describe、Express・Explain、Specify、Conclude・Choose の頭文字をとったものです。Describe とは、客観的な事実を述べるという意味です。Express・Explain は自分の気持ちを表現したり、説明することです。Specify は自分の言いたいことを明示する、特定の提案をするという意味です。Conclude・Choose は話し手から相手にボールを投げることで、いったん主張を終えて、相手にその後の行動を選ばせます。

　このＤＥＳＣ話法は、言いたいことは決して我慢せず、かつ相手の気分を害さずに、お互いに Win-Win 関係になれるように相手に配慮した言い方をする手法の１つです。

5章

ロジカルに
「問題解決する」ための基本

5-1

深掘りして考えるとは？

　何か問題に直面したときに、フレームワークを使って整理すると、漏れなくダブリなく考えることができました。3章－7では、製造業で問題を発見するフレームワークとして4Mを説明しました。Man は人に問題はないか、Machine は機械に問題はないか、Material は原材料に問題はないか、Method は方法に問題はないかです（次ページ上表）。

　ただし、4Mだけでは細かく分類できたとはいえません。製造業の流れとして、原材料の入荷、製品の加工、製品の梱包、出荷に至る製造工程の視点も加えることで、より具体的に分類することができます。

　そこで、3章－8で説明したように、縦軸に「4M」、横軸に「川上・川中・川下」の工程を用いてマトリックスにすることにより、さらに網羅的に分類することができます（次ページ下表）。

　しかし、これで十分考えたかというと、そうではないのです。もっと細かく分類することはできないのでしょうか？　マトリックス思考の限界は2つの切り口しか使えないところにあります。3つの切り口を軸にすると、立方体になり162ページ上図のように無理がありますし、4軸以上になると平面で表現する

■ 1軸のフレームワーク（4M）

Man （人）	知識・能力・スキル・経験・体力・体調・動作 作業効率・配置・集中力・人間関係・やる気等	
Machine （機械）	性能・動作速度・処理能力・設置状況・整備 耐用年数・故障・メンテナンス等	
Material （原材料）	調達先・調達頻度・品質・数量・使用法・使用量 使用期限・保管方法・廃棄状況等	
Method （方法）	操作・操縦・切削・加工・加熱・運搬・作業手順 作業時間・標準化・マニュアルの整備等	

（縦軸：1軸）

■ 2軸のフレームワーク（マトリックス）

2軸（横）

	川上	川中	川下
Man （人）	入荷・検品・運搬・保管の担当者	洗浄・切削・加熱・加工の担当者	箱詰め・冷却・検品・保管・運搬の担当者
Machine （機械）	フォークリフト・冷蔵庫・保管庫	洗浄・切削・加熱・加工の機器や道具	冷蔵庫・ベルトコンベア・フォークリフト
Material （原材料）	調達量・調達手段・区分け・保管期間	使用量・使用方法	未使用分の整理・廃棄・保管
Method （方法）	操作・作業手順・作業時間・マニュアル	操作・作業手順・作業時間・マニュアル	操作・作業手順・作業時間・マニュアル

（縦軸：1軸）

のは困難です。

　このような場合は、162ページ下図のようにツリー状に展開することで解決できます。

■ 3軸のフレームワーク

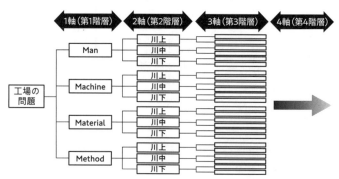

下図では、1軸目に該当するのは4M、2軸目は川上・川中・川下となり、その先に3つ目の切り口、4つ目の切り口と追加していけば、さらに細かく精緻に分類することができます。このように、**1軸→2軸→3軸→4軸と考えていくことを深掘りする**といいます。どこまで深掘りすればよいかという正解はありませんが、取り組む課題に応じてどこまで深く考えるべきか検討する必要があります。

■ 無限軸のフレームワーク（ロジックツリー）

「ロジックツリー」とは、ものごとを検討したり分析するときに、論理展開をツリー状に表現して考えていく思考技法です。全体から部分、結果に対する原因、目的に対する手段を考える際の推論を繰り返して行なうときに活用できます。

　161ページ上図の「フレームワーク思考」は1軸、161ページ下図の「マトリックス型フレームワーク」は2軸までしか分類できませんが、ロジックツリーであれば、前ページ下図のように、3軸、4軸、5軸と深掘りすることができ、より細かい分析が可能になります。

　ロジックツリーの場合は「軸」とはいわず、第1階層、第2階層というように「階層」と表現します。階層の数値が小さいほど上位概念、数値が大きいほど下位概念になります。各階層では漏れなくダブリなく、MECEを意識しながら、上位概念から下位概念へと分析・展開していきます。

　第1階層の左にある箱のことを「トップボックス」といい、ロジックツリーを展開するに際してのお題が入ります。このお題がとても重要で、お題の設定の仕方によってツリーの展開が大きく変わるので要注意です。

　ロジックツリーとピラミッドストラクチャーの違いで混乱することがあります。ロジックツリーを縦向けにすれば、ピラミッドストラクチャーのように見えますし、実際にロジックツリーを縦向けに表現することもあります。しかし、

両者は異なるものです。

　ロジックツリーは「一方向」に分類するためのツールです。具体的には、上位概念から下位概念の方向に階層を深く、選択肢を幅広く分類していきます。場合によっては特定の箇所を深掘りしたり、幅広く分類しますので、ツリーの形状がいびつになるケースが多いです。そのため、ロジックツリーは基本的に逆方向に遡ることはありません。

　ピラミッドストラクチャーは論理を構築・確認するためのツールで「双方向」です。ピラミッドストラクチャーは下から上にロジックを構築し、上から下にロジックを確認することで矛盾がないか検証します。

5-2

真の犯人を捜す

　最近では何でもメールで済ますことが多くなりました。隣の席にいるにもかかわらず、用件をメールで送るという話はよく耳にします。メールによるコミュニケーションが増えた結果、メールが1日に100通以上も溜まることは、珍しいことではありません。

　しかし、この状態を野放しにすると、雑務が増えることになります。では、この問題に対して何から着手すればよいでしょうか。

💡 **シーン　メール件数の多さに同僚に愚痴をこぼす田中君**

田中君　「うちの会社って何でもメールで済ませるよね。メールの本数が多過ぎて仕事にならないよ」

小野君　「そうだね。働き方改革が声高に叫ばれている世の中なので、何とかしないとね」

田中君　「1日に200通もメールが来ることもあるんだよ。パソコンを開いただけで、やる気がなくなるよ」

小野君　「200通はひどいね。何でそんなにメールが多いの？」

田中君　「ここだけの話だけど、新入社員の佐藤君なんだ。LINE感覚で何でも聞いてくるんだよ。本当に迷惑なんだ」

小野君 「具体的には、200通のメールのうち、佐藤君からのメールはだいたい何通あるの?」

田中君 「件数は数えたことないけど、相当な数になるよ」

小野君 「相当な数っていうけど、実数がわからなければ、本当に佐藤君が悪いかどうか特定できないじゃない。たまたま佐藤君から失礼なメールがあったから、それが印象に残ってしまっているんじゃないのかな?」

田中君 「いや、絶対に佐藤君だ。彼のメールが減れば、僕の仕事効率は確実によくなるんだよ」

　　田中君はメールが200通も来ると言っていますが、佐藤君に最も迷惑を掛けられているというなら、200通のうち何通が佐藤君からのメールか特定する必要があります。こうしたときに活躍するのが「ロジックツリー」です。では、ロジックツリーをどのように使うのか、次ページ図を参照しながら、先ほどの会話の続きを見てみましょう。

🔍 シーン　大量のメールを分類・整理する

小野君 「佐藤君のメールって何通あるのかな?　パソコンを立ち上げて、数えてみようよ」

田中君 「えっと、今週の月曜日がいいな。この日はちょうど200通のメールを受信しているぞ」

小野君 「そのうち、佐藤君のメールは何通かな?」

田中君 「ちょっと、待って。1つ、2つ、3つ……、10通」

小野君 「200通のうち、10通?　それで佐藤君のメールが最も迷

■ Where ツリー

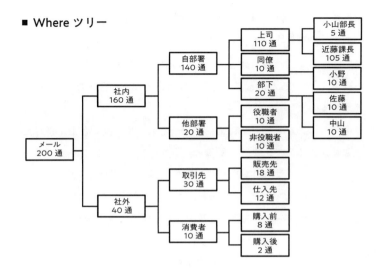

惑だって言える？」

田中君「佐藤君のメールが1番多いと思っていたんだけどな」

小野君「では、研修で学んだロジックツリーを使って考えようよ。まず、200通のメールをできるだけ大きな視点で、抽象度を高く分類すると、どのような切り口から始めるといいかな？」

田中君「社内メールと社外メールに分けられるね」

小野君「内と外でMECEだね。では、実際に分けてみようよ」

田中君「社内メールが160通で、社外メールは40通だ」

小野君「ということは、社内メールの中に真犯人がいそうだね。その次はどのように分類しようか。せっかくだから、社外メールも復習のために切り口を考えてみようよ」

田中君「そうだな、社内メールは自部署140通と他部署が20通、社外メールは取引先が30通と一般消費者が10通だ」

小野君「それもMECEでいいね。その次は？」

田中君「自部署であれば上司と部下、他部署は上司と部下にならないので、役職者と非役職者と表現したほうがいいかな。取引先は販売先と仕入先、一般消費者は購入前の消費者と購入後の消費者」

小野君「ちょっと待って。自部署は上司と部下と言ったけど、僕はどうなるの」

田中君「ごめん、ごめん。君のことを忘れてた。上司と部下だけだと漏れがあるので、上司・同僚・部下ならＭＥＣＥになるね。メールを数えると上司が110通、同僚が10通、部下が20通だ。他部署は役職者が10通で、非役職者も10通だ。販売先は18通で、仕入先が12通、一般の消費者は購入前が8通で、購入後が2通だ」

小野君「だんだん具体的になってきたね。では、自部署に戻ってここだけ深掘りしようか。部下が20通だったけど、そのうち佐藤君は10通だったよね。それ以外の部下は中山さんしかいないから、中山さんのメールも10通じゃないの？」

田中君「本当だ。佐藤君と中山さんは同じなんだ」

小野君「じゃあ、上司を分類すると？」

田中君「小山部長から5通、近藤課長が105通……」

小野君「近藤課長から105通もメールが来るのか！　同じ部署だけど、僕のところはせいぜい1日10通だよ。君は佐藤君のメールだと言ってたけど、真犯人は近藤課長じゃないか」

田中君「本当だ……」

　200通のメールを漏れなくダブリなくＭＥＣＥに分類した結果、真犯人は近藤課長だと特定できました。この会話を示すと167ページ図のようになります。ロジックツリーを使うと、漏れなくダブリなく分類することができるのです。

　ロジックツリーの使い方は一般的に３つあります。そのうちの１つが「Whereツリー」です。このWhereツリーはどこに問題があるのかを探すためのツールです。Whereツリーで注意すべきことは３点あります。

　まず１点目は、各階層はMECEであることです。先ほどの例でメールを分類するときに、どこにも入らずに迷子になってしまうメールがあれば、網羅性に欠けるためMECEであるとはいえません。また、どちらにも分類できるようなメールがあっても重複していることになり、MECEであるとはいえません。

　２点目は第１階層の切り口は安易に決めてしまうのではなく、いくつか選択肢を検討して、最も適切と思われる切り口を選ぶことです。ロジックツリーで深掘りしていくと途中でうまく分類ができず、第１階層まで遡ってやり直すことになり、時間が無駄になってしまいます。

　３点目は第１階層の切り口はできるだけ抽象度が高くなることを意識し、第２、第３と階層が進むにつれて具体的にしていくことです。第１階層で具体的になり過ぎてしまうと、大きな視点でものごとを捉えていないことがありますので、抽象度をできるだけ高くすることを意識します。

5-3

原因を究明する

　5章-2ではロジックツリーを使って、大量のメールを送ってくる真犯人を突きとめました。その結果、上司の近藤課長が張本人だということがわかりました。では、なぜ近藤課長は部下に対して、メールを大量に送ってくるのでしょうか？　その原因を探ってみましょう。原因を探るときも、ロジックツリーが活躍します。あらためて田中君に登場してもらい、同僚の小野君と一緒に原因を考えてもらいます。次ページ図を参照しながらご覧ください。

💡 **シーン　近藤課長がたくさんメールを送ってくる理由を分析**

田中君　「メールの多くは新入社員の佐藤君だとばかり思っていたけど、それは思い込みで、本当は近藤課長からのメールが最も多かったんだな。でも、近藤課長はなぜ僕に対して、そんなにメールを送ってくるんだろう？」

小野君　「田中君、何か心当たりはあるかな。ここはきちんと原因を究明したほうがいいと思うよ。研修で学んだロジックツリーは、原因を考えるときにも使えるよね」

田中君　「そうだね。おそらくメールで指示をするからだと思うよ（**X**）」

■ Why ツリー

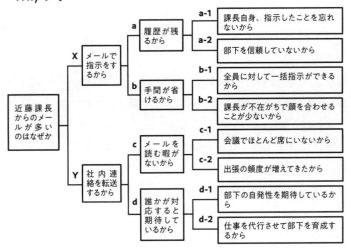

小野君　「他に考えられる原因はあるかな?」

田中君　「社内連絡を転送するからという原因も考えられるな（**Y**）」

小野君　「では、なぜメールで指示をするんだろうね?」

田中君　「履歴が残るからじゃないかな（**a**）」

小野君　「なるほど。じゃあ、なんで履歴を残すためにメールを送るんだろう?」

田中君　「おそらく、近藤課長自身、指示したことを忘れないためだと思うな（**a-1**）」

小野君　「他に考えられることはあるかな?」

田中君　「もしかすると僕のことを信頼していないのかな（**a-2**）。だから、指示したことを履歴として残しているのかもしれないな」

小野君　「まあ、ここで焦って拙速に答えを出さず、もう1つの原因の可能性も考えよう。近藤課長がメールで指示をするのは他に考え

られる原因はあるかな？」

田中君　「業務の手間が省けるからじゃないかな（**b**）」

小野君　「では、なぜメールで指示をすると業務の手間が省けるのかな？」

田中君　「メールだと部下全員に対して、一括で指示ができるし（**b-1**）、近藤課長自身、不在がちなので部下と顔を合わす機会が少ないからだと思うな（**b-2**）」

小野君　「それも考えられそうだね。では話は戻るけど、近藤課長が社内連絡のメールを転送するのはなぜだろうね？」

田中君　「近藤課長が忙しくて、メールを読む暇がないんだろうね（**c**）」

小野君　「なぜ近藤課長はそんなにメールを読む暇がないのかな？」

田中君　「会議でほとんど席にいないし（**c-1**）、出張の頻度もすごく増えたからだよね（**c-2**）」

小野君　「それはあるよね。では、それ以外で、他に考えられることはあるかな？」

田中君　「おそらく誰かが転送されたメールを見て、近藤課長の代わりに対応すると期待していると思うな（**d**）」

小野君　「なるほどね。では、なぜ誰かが転送メールに対応すると期待しているのかな？」

田中君　「それは部下の自発性を期待しているからだろうね（**d-1**）。また部下に課長の仕事を代行させることで、部下の育成をするためだと思うな（**d-2**）」

小野君　「田中君、ここまで原因を深掘りしてみて、もっともらしい原因って何かあるかな？」

田中君　「ひょっとしたら近藤課長に信頼されていないのかなぁ。だ

って、近藤課長からの指示を忘れたことが何回かあったし、それ以降メールが増えている気がするな」

小野君　「そうだね。ロジックツリーで分析すると、それが原因かもしれないな。でも、それが原因ということがわかれば、対策をしっかり打てばいいじゃないか」

　さて、この会話では近藤課長からのメールが多い原因を、田中君と小野君がロジックツリーで分析しました。先ほどの会話をロジックツリーで整理すると171ページ図のようになりますので、確認してみましょう。

　田中君と小野君の会話をロジックツリーで整理すると、すっきりしました。ロジックツリーで見える化することによって、具体的に原因を分析することができるのです。

コラム　Why ツリー

　3つあるロジックツリーの使い方の2つ目は「Why ツリー」です。Why ツリーは問題の原因は何かを究明するためのツールで、「なぜなぜ分析」の発展形として有名です。「なぜなぜ分析」は、トヨタ自動車の元副社長である大野耐一さんの著書『トヨタ生産方式』（ダイヤモンド社）の中で、1つの事象に対して、5回の「なぜ」をぶつけて考える思考法として紹介されています。5回のなぜを自問自答することで、ものごとの因果関係や、その裏にひそむ本当の原因を突きとめることができるのです。

　Why ツリーは、注意すべきことが4点あります。

まず１点目は、「なぜ」という問いかけに対して、「なぜならば」で答えられるような表現にすることです。上記の例ではすべての階層は「〜から」という表現で「なぜ」に対する答えになっています。

　２点目は、各階層はなぜに対して２つ以上の原因を考えることです。ある問題に対してその原因を１つに特定してしまうと、そこで他の可能性が見えなくなってしまい、本当の原因を見失うこともあるので、原因は２つ以上考えるようにします。

　３点目は、各階層はＭＥＣＥになりにくい特徴があることです。先ほどの例で各階層の上下関係を見てもＭＥＣＥにはなっていません。

　４点目は、出口のない堂々巡りのループに陥らないことです。Whyツリーで原因究明をしていると、同じような原因が何度も出てきたり、そもそもの問題を見失ってしまうことがあります。そのようなときはあまり深掘りをし過ぎず、混乱する手前まで戻ってみることも重要です。

5-4

対策を考える

　5章-3でロジックツリーを使って、なぜ近藤課長が田中君に対してメールを大量に送ってくるのか原因を探ってみました。次のステップは、近藤課長の信頼を得るために何をすればいいか、対策について考えます。この対策を検討するときも、ロジックツリーが活躍します。引き続き、田中君と小野君の会話を見ましょう。次ページ図を参照しながら、ご覧ください。

💡 シーン　田中君が近藤課長の信頼を取り戻すための相談

田中君　「どうすれば、近藤課長の信頼を取り戻すことができるかなぁ?」

小野君　「田中君、対策を考えるときも、単純な思いつきにならないように、ロジックツリーが使えるよ。まずは、第1階層から考えてみよう。近藤課長の信頼を得るためには、大きな視点で何を意識すればいいと思う?」

田中君　「そうだなぁ。近藤課長の指示に対してきちんと対応することができていないので、指示の受け方に注意すべきだよね(**X**)」

小野君　「指示の受け方はとても重要だね。でも、それだけではMECEにならないから、他に何をすればいいと思う?」

田中君　「指示に対しては報告だよね(**Y**)。仕事は上司の指示に始

■ How ツリー

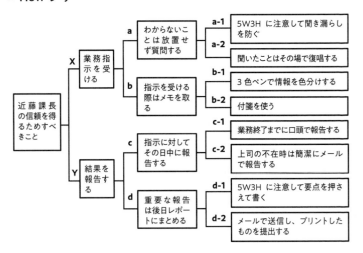

まり上司への報告で終わるというからね」

小野君「第1階層は指示と報告か。入口と出口でMECEだね」

　ここまでで、指示と報告という大きな視点を導き出しました。次は、それぞれについて具体化していきます。

小野君「では、確実に指示を受けるためには、どうすればいい?」

田中君「わからないことは放置せずに、その場で質問しなければいけないな（**a**）」

小野君「そうだね。あいまいなまま放置するよりもその場で聞くべきだよね。じゃあ、確実に指示を受けるためにはそれだけでいいかな?」

田中君「あとで忘れないようにメモを取るべきだね（**b**）」

小野君　「なるほど、質問をするのは『ソフト』で、メモを取るのは『ハード』のコミュニケーションだね。ソフトとハードでＭＥＣＥになるね。では、質問は具体的にどのようにすればいいと思う？」

田中君　「研修で学んだけれど、５Ｗ３Ｈで確認しながら聞けば、聞き漏らしを防ぐことができると思うな（**a-1**）。そして、その場で復唱すれば確認ができるしね（**a-2**）」

小野君　「では、メモについては具体的にどうすればよいかな」

田中君　「やはり、常にメモとペンを携行することだよね。ペンは３色ボールペンで情報を色分けするといいと思うな（**b-1**）。メモは付箋を使って、目に付くところに貼っておくといいね（**b-2**）」

小野君　「書くほうのペンと、書かれるほうの付箋でＭＥＣＥになっているね。これで指示を受けるときの対策としては立派じゃないか」

　ここまでで、指示の受け方が具体的になってきました。次は報告のやり方について具体化していきます。

小野君　「では、報告をするときについても考えよう」

田中君　「報告は後回しにすることがあったので、その日のうちに報告しないといけないな（**c**）」

小野君　「迅速な報告が大切だからね。では、具体的にはどうする？」

田中君　「毎日、業務が終わるまでに口頭での報告をクセにするといいと思う（**c-1**）」

小野君　「でも、近藤課長が不在のときはどうする？」

田中君　「不在時はメールで簡単に報告するといいかもね（**c-2**）」

小野君　「そうすると、上司の在席時と不在時の対応が網羅できてＭＥＣＥでいいね。報告は、その日のうちにすることも大切だけど、そ

れだけでいいかな？」

田中君　「そうだね。重要な報告は後日レポートにまとめて提出するといいと思うな（**d**）」

小野君　「具体的にはどのようにするの？」

田中君　「レポートは５Ｗ３Ｈに注意して、要点を漏らさないように書かないといけないね（**d-1**）」

小野君　「では、書いたレポートはどうやって提出する？」

田中君　「メールで送信もするけど、近藤課長は忙しくてメールを見るのが遅くなることもあるので、プリントして提出しておけば、より丁寧だね（**d-2**）」

小野君　「近藤課長はメールの添付ファイルはいちいちプリントアウトして読んでいるから、そのほうが親切かもしれないね」

　報告のやり方が具体的になってきました。最後に、それら対策案の中からどれを選んで実行するか検討します。

小野君　「ここまで具体的な対策を考えたので、あとは実際にどの対策を選んで実行するかだね」

田中君　「せっかく、ここまで具体的に考えたので、すべてやればいいんじゃないの？」

小野君　「それでもいいと思うし、すべて実行に移すのが難しければ、現実的で効果があって、負担なくすぐにできる方法に絞ればいいと思うよ」

田中君　「まあ、近藤課長の信頼を取り戻す姿勢を見てもらいたいし、まずは全部やってみるよ」

小野君　「そうだね！　近藤課長の信頼はきっと取り戻せると思うよ」

以上の会話では近藤課長の信頼を取り戻すための対策案を、田中君と小野君がロジックツリーで考えました。この会話を整理すると、176ページ図のようになるので確認してみましょう。

　田中君と小野君の会話をロジックツリーで整理するとすっきりしました。このロジックツリーは、会話をしながら作成しないと訳がわからなくなります。会話で出てきた発言は付箋などに記入して、ロジックツリーで見える化することによって、全体を俯瞰しながら議論の漏れやダブリを確認することができます。

コラム　How ツリー

　3つあるロジックツリーの使い方の3つ目は「How ツリー」です。How ツリーは問題の原因に対して、どのようにすればいいか対策を検討するためのツールです。

　この How ツリーでは注意すべきことが3点あります。

　まず1点目は、第1階層は抽象度が高く、第2、第3になるにつれて、少しずつ具体的にしていくことです。先ほどの例で第1階層からいきなり「3色ボールペンを使う」という対策案が出てきたら、具体的過ぎて全体を見失ってしまうことになるので、第1階層として適切ではありません。

　2点目は、各階層は2つ以上の対策を考えなければなりません。対策を思い込みで1つに限定してしまうと、そこで他の対策を考えなくなってしまうことになり、漏れが発生する可能性があります。

　3点目はある程度対策案が出そろったら、それらの対策

案の中から何をするのか抽出することです。その際は、次のポイントに注意します。

　・確実性：それをすることで確実に効果が出るのか？

　・即効性：すぐに効果が出るか？

　・現実性：無理することなく現実的に実行に移せるか？

　・効率性：対策をすることでかえって仕事の効率が悪くならないか？

　・経済性：それをすることで無駄な費用が発生しないか？

　・客観性：誰が見てもわかる対策であるか？

　これらを検討し、問題がなければその対策案は実行すべきです。

5－5

かみ合わない話に対処する

　会議や打ち合わせをしていると、話がかみ合わず議論が前に進まないことがよくあります。このような場合、大きく2つの理由があります。

　1つ目は網羅性に関する問題、つまりMECEでものごとを見ていないという問題です。お互いにものごとを自分の立場でしか考えず、反対の立場に立たずに議論をすると、話がかみ合いません。

　2つ目は階層に関する問題です。話の階層がずれている場合、全体的な視点で議論をする人と、細かい各論で議論をする人とは話がかみ合わないのです。

　よくありがちな例を見ながら、どうすればよいか考えてみましょう。ある会議で営業部の近藤課長と商品部の高橋課長がもめています。次ページ図を参照しながら読んでください。

💡 シーン　営業部の近藤課長と商品部の高橋課長がもめている

近藤課長　「当社は新商品がないので、早急に新しい商品を開発して投入すべきだ（a）」

高橋課長　「このご時世で何を言っているのですか。とにかく既存の

■ 話がかみ合わない原因を探る

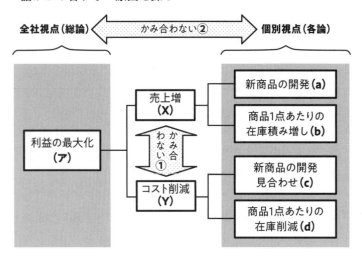

商品の販売に力を入れるべきです。新商品の開発は見合わせにすべきです（**c**）」

近藤課長 「じゃあ、商品１点あたりの在庫を増やすべきだ（**b**）。注文がきてから欠品なんて言えないし」

高橋課長 「何を言っているんですか。在庫を抱えるリスクを理解しているのですか。とにかく今は商品１点あたりの在庫を極力減らすべきです（**d**）」

　この会話は、お互いの立場でしか発言しておらず、いつまでたっても終わらないでしょう。この場合、ＭＥＣＥの対称概念で対立しているのです（①）。上図にあるように、営業部の近藤課長の発言は売上増（**X**）の立場ですが、商品部の高橋課長はコスト削減（**Y**）の立場です。お互いに自分の立場のことだけ

考えるのではなく、相手の立場を理解することが重要です。

　営業部と商品部だけでは、会議が平行線のままなので、総務部の細川課長が間に立って会議を進めることになりました。

💡 シーン　総務部の細川課長が中立の立場で登場したが…

細川課長　「営業部と商品部では、なかなか結論が出ないようですので、このあと、私のほうで進行を務めさせていただきます」

近藤課長　「細川さん、商品部は真っ向から営業部を否定するのです。新商品の開発も駄目だと言うし、商品1点あたりの在庫を上積みすることも駄目だと言うし、こんなの営業妨害ですよ」

高橋課長　「何を言ってるのですか。新商品を企画しても、在庫を上積みしても、売れ残りが出たら、営業部は知らんぷりで商品部の責任が問われるのですよ」

細川課長　「お2人の言うことはわかりますが、そもそも当社は年度方針で利益の最大化（**ア**）が掲げられています。それを念頭に置いてください」

近藤課長　「だから、新商品を開発すべきだと言っているんだ（**a**）。それが駄目なら、既存の商品の在庫を積み増して（**b**）、売り損じをなくすべきだ」

高橋課長　「だから、言ってるでしょ。今のご時世でそんなリスクは取れません。新商品の開発は見合わせで（**c**）、1点あたりの在庫は削減なんです（**d**）」

細川課長　「お2人とも私の話を聞いてください。利益の最大化（ア）をするためにはどうすればよいか考えてください」

この会話は、全社視点（総論）と個別視点（各論）で発言がなされているため、話がかみ合っていません。これは、ロジックツリーの階層で説明ができます（②）。

　総務部の細川課長は全社方針として、利益を最大化（ア）するために何をすればよいかと言っています。これは全社視点に立った総論です。ところが、営業部の近藤課長と商品部の高橋課長の発言は、相変わらず個別視点の各論です（a）（b）（c）（d）。営業部の近藤課長も商品部の高橋課長も、各論に終始するのではなく、全社視点に立って利益を最大化するためには、何をすべきかを考えなければこの議論は終わりません。

　階層が違うために、議論がまったくかみ合わないことは、色々なところで見受けられます。国会の答弁もその１つです。たとえば、野党が与党に対し具体的な説明を求めても、与党からは、「総合的・俯瞰的に見て判断しました」と説明されることがあります。いつまでたっても同じようなやり取りが繰り返され、議論が平行線で終わってしまいます。これはまさしくお互いの階層がかみ合っていないのです。

5-6

問題とは何か？

　これまでロジカル・シンキングの基本を学んできました。その知識を活用して、職場で起こっている問題の解決に取り組みたいところですが、その前にいくつか気をつけておきたいことがあります。

　まず、問題を的確に捉えて説明ができることです。説明を聞いた相手が、その問題を取り上げようと思わなければ、前に進めません。では、下記の田中君と近藤課長の会話を読んで、田中君の問題提起のどこがおかしいか考えてみてください。

💡 シーン　客観的データを欠いた田中君の問題提起

田中君　「近藤課長、ちょっといいですか。私いつも思うのですけど、うちの会社って残業時間が多いのが問題ですよね」

近藤課長　「なぜ、そう思うんだ？」

田中君　「近藤課長もご存知のとおり、今の世の中は働き方改革で、残業時間を減らそうとしているにもかかわらず、当社は逆ですよ。こんなこと言ったら怒られるかもしれませんが、ブラック企業だと思います」

　さて、田中君の主張を聞いて、近藤課長は納得するでしょう

か？　田中君の主張は、客観的なデータを使った論理構成には
なっていません。そこで、近藤課長から指摘が入りました。

💡 シーン　客観性を欠いた発言に対する近藤課長のツッコミ

近藤課長　「田中君は、たしかロジカル・シンキングの研修を受けた
よね。せっかくだから、研修で学んだことを活かして説明してみた
らどうかな」

田中君　「はい、すみません。うっかりしていました。研修で三角ロ
ジックを学びましたので、それを使わないといけませんね。私の主
張は、当社は残業時間が多いのが問題だということです。その理由
は、世の中の流れに反しているからです。具体的に言いますと、私
の先週の残業時間は 16 時間だったのです。そして、この 1 か月間で
は 40 時間でした。したがいまして、当社は残業時間が多いのが問題
だと思います」

　田中君は三角ロジックを意識して、主張・論拠・データの順
で話そうとしているのはいいのですが、ちょっとおかしいです
ね。みなさんはどこがおかしいか指摘できますか？　ここでは
3 つの指摘ができます。田中君の主張を整理してみましょう。

主張：当社は残業が多いのが問題である
論拠：なぜならば、世の中の流れに反しているからである
データ：先週の私の残業時間は 16 時間、1 か月間で 40 時間だ
った

まず、1点目ですが、論拠は世の中の流れに反していると言っていますので、「世の中の流れは何なのか」、それに対して「当社はどうなのか」について具体的な事実や事例で説明しなければなりません。たとえば、働き方改革関連法の成立後、各企業ではワークライフバランスの推進がなされている事例を取り上げ、それに対して当社では、そのような取り組みがなされていないことなどを説明すべきです。

　2点目は主体が異なっています。主張では主体は「当社」となっており、「当社の残業が多いことが問題である」と言っているにもかかわらず、データでは主体が「田中君」1人のことしか述べておらず、当社のことになっていません。当社の残業の問題を指摘するのであれば、当社全体の残業時間のデータを使用すべきです。

　3点目は専門的になりますが、田中君の説明に矛盾があります。労働基準法第36条、いわゆる「36協定（サブロク協定）」では残業時間の限度が定められています。そこでは1週間の残業の上限は15時間、1か月は45時間となっています。田中君が用いているデータでは1週間で見ると16時間なので問題があるといえますが、1か月では40時間なので上限時間を超えておらず、問題だとは言えないのです。

　以上のように、相手を納得させるためには、主張、論拠、データがつながっていなければなりません。そして、何を基準にしているのかを明確にして、基準と実際のデータを比較しない

■ 比較の対象変えると問題の程度も変わる

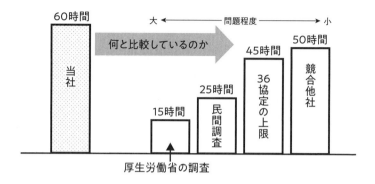

と問題の程度がわからなくなります。当社の残業が多いのが問題であるならば、厚生労働省が発表している民間企業の残業時間や、民間の調査機関が発表している残業時間、36協定で決められている残業時間、競合他社の残業時間など、どのデータと比べるかによって、問題の程度が変わってきます（上図）。

　このように、比較対象があいまいな言い方をすることはよく起こります。たとえば、ある営業担当者が、今月の売上が未達であることを上司に報告するとします。そのときに「期初の販売計画」に対して未達なのか、「期中に下方修正した販売計画」に対して未達なのか、「昨年の販売実績」に対して未達なのかなど、比較対象を明確にして報告しないと、今後どのような対策を打つべきか、具体的な検討ができなくなります。問題を述べるときは、何と比べて問題なのかを明確にしておかなければならないのです。

5-7

問題と課題は何が違うのか？

　5章-6では第三者に対して問題を説明する際は、何と比べて問題なのかを説明しないと、問題の程度が明確にならないと説明しました。その他にも問題を扱うときに、気をつけるべきことがあります。それは、「問題」と「課題」の違いです。

　問題と課題の違いについて絶対的な定義はなく、人によってその解釈は異なります。あまり神経質になる必要はないと思いますが、私なりの整理を説明します。

　アルファ社の田中君と小野君が、上司の近藤課長と売上について打合せをしているシーンをご覧ください。

💡 シーン　問題を抱えた田中君と課題を設定した小野君

田中君　「近藤課長、今期の売上のことで相談なのですが、実は期初計画の5000万円に対して、4000万円までしか見込めないのです」

近藤課長　「おいおい、いったいどうなっているんだ。今期の締めまであと1か月しかないぞ。君は残りあと1か月で、どうやって未達分の1000万円をカバーするつもりだ。小野君はすでに目標達成し、来期の種まきに入っているぞ。なあ、小野君」

小野君　「はい、私は今期の期初計画の6000万円に対して、期末で6500万円は確実です。そのため、すでに来期に向けた営業活動に入

っているのですが、来期の売上計画として8000万円を目標にしたいと思います」

近藤課長　「小野君、すごいじゃないか。今期は計画達成で、しかも来期は8000万円か。とてもチャレンジングな目標じゃないか」

小野君　「はい、やはり現状に満足してはいけませんし、来期は増税の影響で、消費マインドが減退することも予想されますので、今から手を打ちたいと思います」

　上記の打合せのシーンを、問題と課題の2つで整理してみます。まず問題についてです。田中君は5000万円の計画に対して最終の売上見込みが4000万円と、1000万円マイナスの状態です。マイナスの状態ということは、明らかに問題といえます。問題は放置することができず、何らかの方法で5000万円にしなければいけません。5000万円になれば計画に達しますので、プラスマイナスゼロの状態になります。このように、マイナスの状態をゼロにするために、対策を講じるのが問題解決です。

　次に課題です。小野君は計画6000万円に対し6500万円と、計画を達成している状態です。ところが小野君はこの結果に甘んじず、来期予想される消費マインドの減退に備えるためにも、今から手立てを講じています。来年度は今年の実績に1500万円プラスした8000万円にするというチャレンジングな目標を設定しました。これが課題です。プラスの状態（時にはマイナスの状態）をさらにプラスにするのが課題解決であり、課題達成です。

　このように**マイナスの状態が問題で、マイナスをゼロにするのが問題解決です。そして、現状に比べさらにプラスの状態を**

■ 問題と課題の違い

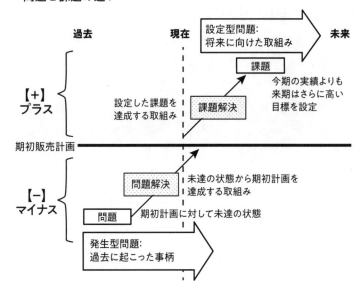

目指すのが課題で、それを達成するのが課題解決です。問題は過去に起こったことが、現在に至って表面化していることになります。あるいは表面化せず、水面下で悪化していることもあります。問題は放置せず、発見しすぐに解決しなければなりません。

　課題は今すぐに解決すべきことではありませんが、将来に向けてさらによい状態にするために目標を設定し、その目標を達成（解決）するという意味で、将来に向けたチャレンジングな取組みといえます。

　これらのことを図で説明したのが上図です。

　この項では問題と課題を整理しました。前ページ図の中に出てきた「発生型問題」と「設定型問題」について説明しましょう。

　「発生型問題」とは、これまで説明してきた「問題」のことです。発生型問題は、過去に問題が起こり、現在それが表面化、あるいは水面下で悪化している状態です。これは困った状態であり、それを放置することはできず、早急に問題解決に取り組まなければなりません。

　たとえば、社員の長時間残業が慢性化していることや、メンタル不調者がいることは発生型の問題です。これらは放置せず、早期に解決しなければなりません。

　「設定型問題」とは、「課題」のことです。設定型問題は、現時点で懸念はあったとしても、とくに今すぐ解決すべきという困った状態ではありません。しかし、将来のために今から取り組むべき問題といえます。自ら目標を設定し、それを自分に課すことです。

　また、少子高齢化対策などは、ずっと懸念されていることですが、まだ先だと思って対策を先送りすることはできません。今から抜本的な対策が求められます。少子高齢化対策として、将来の出生率を設定し、今から対策を打つことなどは設定型問題です。

5-8
問題解決で最重要なのは
原因の究明

　問題解決に取り組む前に、知っておくべき最も重要な心構えがあります。それは、「思いつきで解決方法を考えてはいけない」ということです。思いつきで解決策を考えた結果、たまたま上手くいくこともありますが、それはイチかバチかの賭けのようなものです。問題解決は賭け事ではなく仕事ですので、イチかバチかではいけません。思いつきで考えないために、ロジカル・シンキングが必要なのです。

　では、よくありがちな会話をご覧いただき、問題解決として正しいか考えてください。

💡 シーン　問題解決とならない田中君の発言

小野君　「今日はどうも朝から熱っぽいので、さっき体温計で熱を計ったら 38.5℃もあったんだ」

田中君　「それは大変だ。明日は重要な会議で君のプレゼンテーションが控えているし、何とかしないと。とにかく風邪薬を飲んですぐに寝たほうがいいよ」

さて、小野君の 38.5℃の発熱に対し、田中君の提案は問題解決としてどうでしょうか？　もしかすると、風邪薬を飲んですぐに寝たら熱は引くかもしれませんが、それこそイチかバチかの賭けです。そもそも、なぜ熱が出たのか原因がはっきりわかっていません。

　では、熱が出る原因にはどのようなものがあるでしょうか。田中君は風邪と決めつけていますが、熱が出る原因は他にインフルエンザや新型コロナなどのウイルス感染や、扁桃炎、肺炎、気管支炎、中耳炎、食中毒、熱中症、ストレスなどさまざまです。子どもであれば知恵熱という可能性もあります。

　実は、私も子どもの頃にこのような体験をしました。中学時代、あるとき高熱が出ました。いつもと同じように、子どもにありがちな風邪だと思って内科に行き、風邪薬を飲んでいました。ところが、２日経っても３日経っても、いっこうに熱が下がらないのです。そして、ますます容体がおかしくなってきました。すると親戚の叔父が「そういえば、中耳炎で耳鼻科に通っていたな。それが悪化しているのではないか？」と言い、叔父が通っている別の耳鼻科に連れていってもらいました。

　診察室に呼ばれて先生に耳を診てもらうと「何で、こんなになるまで放置していたんだ」と怒られたのです。実は私の中耳炎は悪化しており、もう少し放置していれば膿が脳に到達して手遅れになっていたそうです。先生はその膿を潰し、適切な処置をしてくださったのです。その結果、熱が下がってよくなったのです。

　いま考えただけでもぞっとする思い出ですが、風邪による発

熱だと安易に原因を決めてしまったがために、意味のない対策をしてしまった悪い例です。何ごとにおいても思いつきで対策をしてはいけないのです。

5章−3のコラム「Whyツリー」でも説明しましたが、原因究明においては安易に1つに特定するのではなく、可能性のある原因を2つ以上は考えなければなりません。また、深掘りし過ぎて堂々巡りのループに陥ってはいけないということも説明しました。

先ほどの発熱の例で、堂々巡りのループとはどのような状態か説明します（ここでは説明をシンプルにするために、原因の可能性は2つ以上にせず1つにしている）。

発熱した→（なぜ①）→インフルエンザにかかったから→（なぜ②）→インフルエンザの予防接種を受けていないから→（なぜ③）→予防接種の申込みをするのを忘れたから→（なぜ④）→仕事が忙しかったから→（なぜ⑤）→業務量が増えたから→（なぜ⑥）→社員が退職したから→（なぜ⑦）→　仕事が忙しかったから

ここで原因の深掘りを「社員が退職したから」で止めて、これが原因であると特定したとします。そして、社員が退職しないような職場づくりの対策を打ったとしても、発熱したことの問題解決にはなりません。また、原因究明を「社員が退職した」で止めず、さらに「なぜ」で深掘りすると、「仕事が忙しかったから」と同じ原因が出てきました。これが深掘りし過ぎて堂々巡りのループに陥ってしまう例です。今回の場合であれば、イ

ンフルエンザにかかったのが発熱の原因であれば、短期的な対策としては、病院で治療をすることが対策として最も適切です。つまり、「なぜ」は5回繰り返せと言いましたが、ときには1回だけでもよいこともあります。

　ではここで、5章-3の近藤課長からのメールが多くて困っている、田中君の例をもう1度取り上げてみましょう。近藤課長からメールが多い原因をロジックツリーで分析した結果（171ページ参照）、下記のような流れになりました。

　近藤課長からのメールが多い→（なぜ①）→メールで指示をするから→（なぜ②）→メールで指示をすると履歴が残るから→（なぜ③）→部下を信頼していないから

　ここではなぜを3回繰り返した結果、部下を信頼していないことが真の原因であると考えるに至りました。そして、信頼を得るためにどうすればいいか対策を検討しました。この原因の深掘りを「部下を信頼していないから」で止めず、さらに深掘りするとどうなるでしょうか。

　部下を信頼していないから→（なぜ④）→上司の指示をよく忘れるから→（なぜ⑤）→指示内容をメモにしないから

　これで「なぜ」を5回繰り返したことになりますが、その結果、近藤課長からのメールが多い原因は「指示内容をメモしないから」ということになりました。この原因に対する対策として、指示内容をメモしたとしても、近藤課長からの大量のメールがなくなるかといえば、決してそんなことはありません。つまり、原因究明が細かくなり過ぎるのもよくないので、常に最初の問いを意識しながら原因を分析する必要があります。

5−9

問題解決のプロセス

　世の中には、問題解決をテーマにしたセミナーや書籍が山ほどあります。私も仕事柄多くの書籍に目を通しましたが、問題解決の手法やプロセスは、人によってさまざまで正解はありません。また、あまり複雑に考える必要もありません。**問題解決の方法は「問題特定」「原因分析」「対策立案」という3つのステップで考えるのが最もシンプル**です（次ページ上図）。

　このステップはすでに本書の中で説明しています。5章−2、3、4で説明したロジックツリーの解説は、問題解決のプロセスに対応し、順番に説明してきたのです。

　5章−2では、田中君の悩みはメールが1日200通ほどくるため、仕事にならないというものでした。ただし、200通のメールといっても、誰からのメールが一番多いのかを特定しないと、対策の打ちようがありません。

　そこで、Whereツリーで200通のメールを分類しました。その結果、上司である近藤課長からのメールが一番多いことを突き止めました（次ページ下図）。

　次に5章−3で、なぜ近藤課長はそんなに多くのメールを送

■ 問題解決の３ステップ

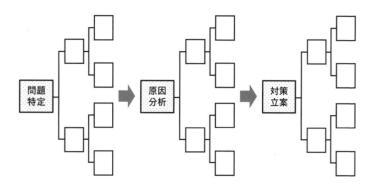

■ Where ツリーによる問題特定

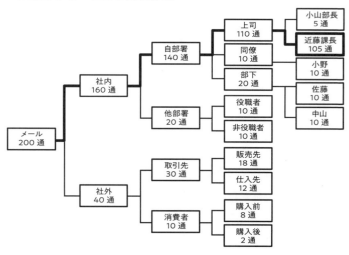

ってくるのか、Why ツリーで原因の分析を行ないました。

　その結果、部下を信頼していないということが考えられまし

■ Why ツリーによる原因分析

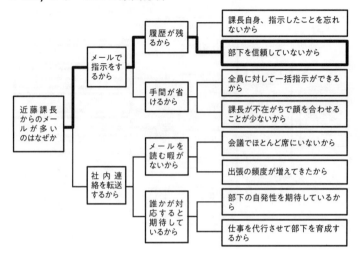

た（上図）。

　最後に5章−4で、近藤課長の信頼を得るためには、何をすればいいのか、How ツリーで対策を考えました。その結果、8個の対策案が出てきました。そして、その選択肢の中から、近藤課長の信頼を取り戻すために、田中君はすべての選択肢を実行することにしたのです（次ページ図）。

　以上、問題解決のプロセスを「問題特定」「原因分析」「対策立案」の3つのステップで説明しました。この3のステップが最もシンプルな問題解決のプロセスとなります。

　このプロセスをベースとし、別のステップを加えた具体的な問題解決のプロセスもあります。たとえば、「目標の設定」「計画の策定」「結果の評価」などをプロセスに加えます。

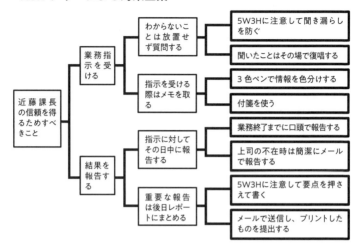

「目標の設定」はあるべき姿です。対策をすることで、どうなれば問題が解決できたといえるのか、目標を明確にします。たとえば、１日あたりのメールが200通であれば、何通に下がると問題が解決されたといえるのかを目標として設定します。目標を設定しておかないと、対策を実行した結果、問題が解決されたかどうか評価することができません。田中君の例では、メールがゼロになることは現実的にあり得ませんので、近藤課長からのメールが10通程度になり、全体で100通に抑えることができれば、問題が解決されたといえるでしょう。この100通が目標として設定されます。

「計画の策定」は、How ツリーで出てきた対策をいつから実行するのか、いつまでに目標を達成するのかなどを、具体的な行

■ 問題解決のステップ

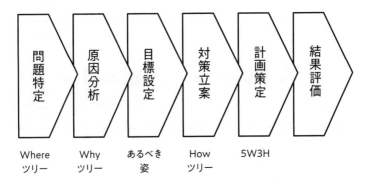

問題特定	原因分析	目標設定	対策立案	計画策定	結果評価
Where ツリー	Why ツリー	あるべき姿	How ツリー	5W3H	

動計画に落とし込みます。ここで活用するのは3章-5で学んだ5W3Hのフレームワークです。5W3Hに照らし合わせて行動計画を作成すれば、漏れやダブリは起こりません。

「結果の評価」は、問題解決に取り組んだ結果どうだったかを評価します。田中君の例であれば、対策を実行した結果、メールの数が100通になったのかを確認しなければなりません。

　これらの問題解決のステップは上図のようになります。これは一例であり、この通りにやる必要はありません。自分が抱えている問題に応じて検討すればよいのです。その際に気をつけることは、問題解決のプロセスは、複雑にし過ぎないことです。複雑になればなるほど時間も労力もかかり、問題解決に取り組む前に挫折してしまいます。

5-10

問題解決の取り組み方

　問題解決のプロセスについて説明しましたので、実際に取り組んでみましょう。

　次の会話はアルファ社の人事部の松下さんと中村部長のやり取りです。アルファ社では、若手社員のマナーがなっていないことが問題になっています。ところが、提案された問題解決はどうもプロセスに問題がありそうです。では、どのように進めるとよいのか考えてください。

💡 シーン　安易な問題解決がうかがえる打合せ

松下さん　「中村部長、ちょっといいですか。どうもうちの若手社員は、ビジネスマナーがなっていないようです。ここ最近、複数の得意先から、若手社員のマナーの悪さを指摘されています。このままだと、ビジネスに悪い影響が出ないか心配です」

中村部長　「そうか、それはいけないな。得意先から指摘されるということはかなり重症だ。売上が下がるような事態になったら大変だ。そうならないうちに、若手社員全員にマナー研修をやったほうがいい。研修予算は私のほうで何とか確保するから、できるだけ早急に

マナー研修を開催してくれ。今回は厳しめのプログラムにしたほうがいいな」

松下さん　「はい、お任せください」

　この会話は、問題の特定や原因の究明をすることなく、安易に対策を決めていることに問題があります。では、問題解決の3つのステップに当てはめて考えてみます。

　まずは Where ツリーで問題を特定します。ここでは、若手社員とビジネスマナーを具体的に分類し、特定する必要があります。若手社員といっても、営業部、総務部、企画部、財務部など、どこの所属か特定しないといけません。

　また、若手とは新入社員、入社2〜3年目、入社4〜5年目など、入社年次によって特定することができるかも検討すべきです。

　そして、ビジネスマナーにも色々ありますので、どのようなマナーなのか具体的にすべきです。たとえば、電話応対、対人コミュニケーション、言葉遣い、ビジネス文書、公共のマナー等、その内容によって対策も異なってきます。

　次に Why ツリーを使った原因分析のステップです。先ほどの会話の中では、なぜビジネスマナーがなっていないのか、原因究明がなされていません。もしかすると、仕事に対するモチベーションが低下していることが原因かもしれませんし、これまでビジネスマナーを学ぶ機会がなかったことが原因かもしれません。

そして、Howツリーを使った対策立案のステップです。先ほどの例では原因の分析をせず、マナー研修をやると安易に対策を決めています。このような思いつきの対策を実施しても、根本の原因がなくならない限り、同じ問題が繰り返されてしまいます。対策を検討する前に、しっかりと原因を考えなければなりません。

　以上を踏まえて、先ほどの対話を問題解決のプロセスに従って書き換えてみます。

💡 シーン　問題の原因を意識して解決に向けた打合せ

松下さん　「中村部長、ちょっといいですか。どうもうちの若手社員はビジネスマナーがなっていないようです。ここ最近、複数の得意先から、若手社員のマナーの悪さを指摘されています。このままだと、ビジネスに悪い影響が出ないか心配です」

中村部長　「そうか、それはいけないな。その若手社員はどの部門なのか特定できているか?」

松下さん　「はい、調査した結果、得意先の指摘はセールスパーソンに集中していますので、営業部であることがわかっています」

中村部長　「営業部はお客様と直接接するのが仕事だから、何とかしないといけないな。で、ビジネスマナーがなっていないというが、具体的には何のマナーができていないんだ」

松下さん　「商談中、お客様に対する言葉遣いがどうも悪いようです。お客様に対して『超ヤバイ』や『まじっすか』といった言葉を使ったり、『そうなんですね〜』と極端に語尾を伸ばしたような表現をしているようです」

中村部長　「そうか、なぜそのような言葉遣いをするのだろう?」

松下さん　「はい、新入社員研修で、言葉遣いは徹底的に指導するのですが、どうも上司側に原因があるようです」

中村部長　「えっ、どういうことだ?」

松下さん　「営業部では、得意先との関係が馴れ合いになっているようで、お客様に対する言葉遣いとは思えない話し方をする上司が多いということです。また、若手社員が間違った言葉遣いをしても、注意しない上司がほとんどだということもわかりました」

中村部長　「そうだったのか。それじゃあ、せっかく研修をしても、職場に戻って現実を見たら研修の意味がなくなってしまうな。では、どうすればいいかな?」

松下さん　「はい、私は上司に対して部下指導の研修をすべきだと思います。その中で、あらためてビジネスマナーの重要性を理解し、上司自らが手本となるような言葉遣いを習得することが重要だと思います。そうすれば、部下に対する言葉遣いの指導もできるのではないでしょうか?」

中村部長　「その通りだな。まずは営業部で直属の部下を持つ上司に、部下指導の研修をやったほうがいい。研修予算は私のほうで何とか確保するから、できるだけ早めに研修を開催してくれ」

松下さん　「はい、お任せください」

　この例は、問題がどこにあるのかを特定し、特定した問題の原因を分析した結果、対策の立案ができています。問題解決に際しては各プロセスを疎かにすることなく、しっかりと検討して対策を考えなければいけません。

5-11

あるべき姿を明確にする

　5章-9の問題解決の具体的なプロセスの中で「目標設定」について説明しました。目標がなければ問題解決に取り組んでも、それが解決できたのか、できなかったのか評価することができません。そのためには目標の設定が必要です。

　営業職など目標を数値で設定できる人は、目標が達成されたかどうかはすぐにわかります。残業時間の削減も、数値で定量的に測定できます。残業時間が多いことが問題であるならば、目標とする削減時間を設定すれば、問題が解決されたかどうかがわかります。

　たとえば、1人あたりの1週間の平均残業時間が30時間だとします。残業が多いことが問題だからといって、それをゼロにするのは現実的に不可能ですし、29時間に削減しても効果があったとはいえません。そのため、適正な残業時間は何時間なのかを決めなければなりません。

　このように、数値で表す定量的な目標はわかりやすいのですが、問題解決で悩ましいのは数値では表せない定性的な目標です。下記の例で考えてみましょう。アルファ社の麻生社長が自社の管理職にリーダーシップが欠如しているため、人事部の中

村部長に何とかするように話をしているシーンです。

💡 シーン　課長のリーダーシップ強化の打合せ

麻生社長　「中村部長、ちょっといいかな。どうもわが社の管理職は頼りないな。もっとリーダーシップを発揮してほしいんだが、何とか強化できないか」

中村部長　「はい、私も同じことを思っていました。ところで社長、管理職とおっしゃいましたが、部長・次長・課長など、とくにどの層に対して問題があるとお考えですか」

麻生社長　「そうだな。やはり課長クラスだな。課長クラスがリーダーシップを身につけてくれれば、係長や主任もそれを見て自ら学んでくれるだろう」

中村部長　「課長が対象ですね。でも、当社の課長はなぜリーダーシップが欠如しているのでしょうか？」

麻生社長　「私のようなオーナー社長だと、みな私の顔色をうかがい、私が指示を出さないと動かないのだよ。自分で企画を考えて、私に提案するような機会も与えてこなかったこともあるかな。仕事は決まった定型業務しかやってないので、リーダーシップを発揮しようという気持ちもないかもしれないな。中村部長は人事部としてどうすればいいと思う？」

中村部長　「はい、それであれば、よいアイデアがあるのですが」

麻生社長　「ほう、そうか。ぜひ聞かせてくれるか？」

中村部長　「各課長を責任者として、プロジェクトチームを結成するのはいかがでしょうか。課長1人に対して様々な部門から次長、係長、主任、一般社員でチームを編成するのです。各チームは新規事

業を検討し、社長へ企画案をプレゼンします。企画案が了承されれ
ば、それを実現するためにチームで動いてもらいます。このプロジェ
クトを通じて各課長にリーダーシップを発揮する場を与えるので
す。そうすれば必ずリーダーシップが身につくと思います」

麻生社長 「それはよいアイデアだな。ぜひやってみよう」

　以上の会話を問題解決のステップで整理します。まず、問題
は管理職のリーダーシップが欠如していることでした。管理職
のどの層（Where）が問題なのか確認した結果、課長クラスに
特定されました。課長クラスにリーダーシップが欠如している
のはなぜか（Why）を確認したところ、社長の顔色をうかがう
指示待ち人間、自ら企画提案する機会がなかったこと、定型業
務ばかりで、リーダーシップを発揮する気持ちになれないこと
が挙げられました。そこで対策（How）として、新規事業を検
討するプロジェクトチームを立ち上げ、課長にチーム運営を任
せるという案が出されました。

　ではその結果、リーダーシップが身についたことは、どのよ
うに評価するのでしょうか。プロジェクトを実施しても、当初
の問題である課長のリーダーシップが身につかなければ問題解
決したとはいえません。

　このような場合は、課長のリーダーシップを定量化して評価
する必要があります。たとえば、リーダーシップを評価するア
セスメントツールを使うことや、チームメンバーに課長のリー
ダーシップについてアンケートを行なうことで、リーダーシッ
プを数値化できます。リーダーシップに限らず、社員のモチベ
ーションが低い、若手社員が育っていない、お客様との関係構

築ができていないなどの問題は、定量化すれば問題が解決されたのか評価しやすくなります。

コラム　SMART な目標設定

　目標設定に関する代表的なフレームワークに「ＳＭＡＲＴ」があります。ＳＭＡＲＴは「Specific」「Measurable」「Achievable」「Relevant」「Time - bound」の頭文字をとったものです。

　Specific は具体的という意味です。抽象的な目標設定は不明瞭でわかりにくいため、明確で具体的な言葉で表現され、誰が読んでも理解できるものでなければなりません。

　Measurable は測定可能という意味です。目標が達成されたのかどうかを第三者が見てもわかるように定量化するなど、客観的に測定できる目標でなければなりません。

　Achievable は達成可能なという意味です。設定した目標が、組織や個人の能力では到底及ばないような困難なものではなく、達成可能なものでなければなりません。

　Relevant(Related) はその目標を達成することが何につながっているのか、たとえば目標が企業の経営目標に沿ったものであるか、個人のモチベーション向上につながるかなど、関連性を意識するという意味です。またその目標は合理的であるかどうか（Reasonable）も問われます。

　Time-bound は期限があるかという意味です。目標を設定しても期限を設けなければ、ダラダラとするだけでいつになっても成果が表れません。

エピローグ

ロジカル・シンキングで上手くいかなかったときの思考法

　本書は、みなさんの仕事が上手くいくように、ロジカル・シンキングをどう使うのか解説してきました。ところが、ロジカル・シンキングはどんな場面でも万能かというと、実際には上手くいかないケースもあります。

　そんな場合には、一度、別の思考法も試してみるのが効果的です。ここでは、代表的な３つの思考法について説明します。

思考法 1

現状に甘んじず批判的に考える
クリティカル・シンキング

　ゆでガエルの話を知っていますか？　カエルはいきなり熱湯に入れると驚いてすぐに逃げ出しますが、常温の水であれば逃げ出しません。その水が入った器に火をつけると少しずつ温かくなり、カエルにとってぬるま湯で心地がよい状態になります。

　水温がさらに高くなってきても、ぬるま湯に慣れたカエルはその変化に気づかず、高温になったときはすでに手遅れとなり、最後には死んでしまいます。これがゆでガエル現象です。

ゆでガエルにならないためには、少し温かくなった時点で「何か変だぞ」と今の状況を疑ってみないといけません。取り返しのつかない状況になる前に、何か手を打たなければならないのです。ところがぬるま湯の状況は誰にとっても居心地がよく、今すぐに変えなくても構わないと思ってしまうのです。そうするといずれ手遅れになります。

　みなさんの職場では、これと同じようなことはありませんか？

💡 シーン　ゆでガエル現象状態の田中君

近藤課長　「田中君、ちょっといいかな」

田中君　「はい、近藤課長」

近藤課長　「来年度の販売計画なんだけど、田中君はどう見ているのかな？」

田中君　「はい、ここ数年売上は安定しておりますし、来年度は今年度の実績対比で 102％程度を見込んでいます」

近藤課長　「それって、ほとんど現状維持じゃないか。で、その計画を達成するために具体的にどうするの？」

田中君　「はい、得意先に対しては、とにかく今年と同じ商品を確実に扱ってもらい、その商品を欠品させることなくフォローすることです」

　さて、田中君の来年度の行動についてどう思いますか？　目標数値が 102％でほぼ現状維持であったとしても、そのための営業活動も同じような現状維持の活動でよいでしょうか？

　このような現状維持の営業活動に対しては、疑問を投げかけ

るべきです。目標数値が現状維持であったとしても、環境は常に変化し何が起こるかわかりません。競合他社はさらに営業攻勢をかけてくるであろうし、顧客の状況が変わる可能性もあります。また、社会情勢がどうなるかも、まったく想像がつきません。つまり、今の営業活動だけで同じ売上を維持することは困難であると考えて、今以上の行動をすべきです。

　2章-5で出てきた「営業経験のない者に当社の営業は務まらない」という上司の考えはどうでしょうか。おそらく長年の営業経験を持つ上司ですから、このような考えを持つに至ったのですが、昔の経験が今も通用するかといえば話は別です。営業経験がなくても、卓越したコミュニケーション力があれば、営業に活かせるはずです。決して上司に反発をしろと言っているのではなく、古い経験、昔のルールや当たり前だと思っていた常識に対して、疑ってみることが大切なのです。

　会社の中にはこのように、昔からやっている当たり前のことほど、誰からも疑いの目を向けられないことがよくあります。

　私が以前勤めていた、ある会社での出来事です。あるアシスタントスタッフが、日々のデータを集計して日報を作成していました。膨大な量のデータを集計して加工し、報告書に仕上げるのはかなりの時間と労力を伴います。これは日常業務として普通に行なわれていました。ある時その業務に対して、別のアシスタントスタッフが下記の疑問を投げかけたのです。

「その報告書って、本当に必要なんですか」

この疑問を聞いたときは、部長がご覧になっているんだから、当然必要だろうと全員が思い込んでいました。そこで部長に確認したところ、毎日見ているわけではなかったのです。そして、部長にその報告書が本当に必要なのか確認したところ、別になくても困らないということが判明したのです。

　その結果、その報告書の作成業務自体を止めて、そのアシスタントスタッフには、別の仕事を任せることにしたのです。そのおかげで、人が1人足りないという現場の状況は改善され、無理に新しいスタッフを採用する必要もなくなったのです。

　人が足りないから人員を増やしてほしいと安易に考えるのではなく、今の仕事のやり方は本当にこれでいいのかと、疑問を投げかける思考が求められます。

コラム　クリティカル・シンキング

　「クリティカル・シンキング」という言葉を聞いたことはありますか？　クリティカルとは、「批判的」「批評の」「酷評的な」という意味です。クリティカル・シンキングは相手のことを批判するのかと誤解されそうですが、そうではありません。批判的に見る対象は2つあります。

　1つ目は、これまでのやり方やルールなど、普段自分たちが当たり前だと思っていることです。これまでのやり方やルールをよしとせず、批判的に捉えるのです。「このままのやり方でよいのか」「もっと他によいやり方はないのか」と疑問をぶつけて考えます。

　2つ目は、自分自身の思考です。自分がきちんとロジカ

ルに考えているのかを批判的に捉えるのです。

　ロジカル・シンキングとクリティカル・シンキングはよく混同されるのですが、ロジカル・シンキングは「正しく考える思考法」で、クリティカル・シンキングは「正しく疑う思考法」といえます。人は現状に問題がなければ、批判的に考えようとはしません。ましてや、自分自身のことを批判的にチェックすることもあまりないでしょう。しかし、このようなクリティカルな思考をする人がいないと、自分の思考が正しいと思い込んだり、知らぬ間に古い考えに染まってしまい、新しい取組みをしようと思わなくなるのです。

思考法2

固定概念を外して考える
ラテラル・シンキング

　ロジカル・シンキングは、深く掘り下げて考える思考法と、見落としがないように他の視点がないかを考える思考法の2つが重要です。その2つの思考法を取り入れた典型がロジックツリーです。ロジックツリーは第1階層、第2階層、第3階層と思考を深く掘り下げ、各階層において見方に漏れやダブリがないかを考えます。

　アルファ社・商品部の高橋課長の例で考えてみましょう。高

橋課長は、入社してから今までテレビの開発に携わっており、さまざまなヒット商品を出してきました。画質、音質などの性能にとことんこだわり、素晴らしい商品を世の中に送り出してきたのです。

ところが、テレビの売行が悪くなり、同社の販売も昨年実績を下回る状況が続くようになりました。高橋課長は、さらによい性能の商品を世の中に送り出そうと、開発を進めているのですが、いくら性能をよくしても、売上は伸びなくなってきました。麻生社長からは、売上のためなら、テレビにこだわるなと指示を受けましたが、テレビ一筋の高橋課長は、どうしていいのかわからなくなりました。

この状況を次ページ図のように整理するとわかりますが、高橋課長はテレビしか見ておらず、その分野を縦に深めようとしています。このように、ものごとを縦に掘り下げて考える思考を「垂直思考（バーティカル・シンキング）」と言います。ロジックツリーと同じ思考法のことです（本書ではロジックツリーを横に展開してきたが、縦に展開することもできる）。

深掘りする際は画質ばかりに気を取られず、音質にも気を配る必要があります。これが漏れなくダブリなくのＭＥＣＥの思考法です。

麻生社長から「テレビにこだわるな」と指示を受けた高橋課長は気持ちを切り替えて、視野を広げて他の家電製品に目を向けるようになりました。これがラテラル・シンキング（水平思考）の考え方です。

ラテラル・シンキングは、これまでの枠にとらわれずに横展

■ 垂直思考と水平思考の考え方①

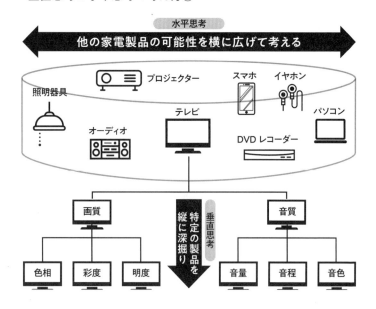

開の思考をすることで、可能性が広がります。 高橋課長は DVD レコーダー、パソコン、スマホなど様々な製品について検討しました。ところがいずれも市場では過当競争に陥っています。今から開発して市場参入しても、価格競争の波にのまれるだけです。

高橋課長はどうすればよいのかわからなくなりました。ここで、さらに水平に思考を広げてみます。たとえば家電製品のハードではなく、動画配信サービス、音楽ソフト、ゲームコンテンツなどのソフトへと選択肢を広げることができます（次ページ図）。

垂直思考のメリットは1つの対象に対して、深掘りして考え

■ 垂直思考と水平思考の考え方②

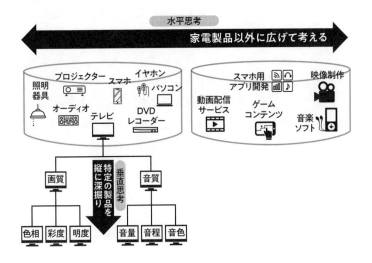

るこ とですが、デ メリットはその対象しか見えなくなり、他の
選択肢や可能性を見失ってしまうことです。水平思考は制限を
設けず横に世界が広がるため、いっきに視野が広がりブレイク
スルーが起こる可能性もあります。

コラム　ラテラル・シンキング

　「ラテラル・シンキング（水平思考）」はエドワード・デボ
ノによって考案された、固定観念が外れる創造的思考法で
す。エドワード・デボノはその著書『水平思考の世界』（き
こ書房）の中で下記のように述べています。

　「水平思考が必要なのは、垂直思考には限界があるから
だ。1つの穴をどんどん深く掘り進めても、別の場所に

穴を開けることはできない。

　論理というものは穴をより深く大きく掘って、確実にするための道具である。だが、穴を掘る場所が間違っていたら、掘り方をいくら改良したところで、それは正しい場所に穴を掘ったことにはならない。ただし、新しい場所で別の穴をゼロから掘るよりも、同じ穴を掘り続けるほうが楽である。このように、垂直思考は同じ穴をより深く掘ることであり、水平思考はほかの場所でやり直すことである。半分掘った穴を放棄するのが嫌なのは、その穴に注いだ努力が実を結ぶのを見ることなく諦めたくはないという気持ちがあるからだ。また、ほかに何をすればいいかを考えるよりも、同じことをやり続けるほうが楽だからでもある。半分掘った穴への現実的な思い入れが強まるのだ」

ロジックツリーでは正しく穴を掘る方法を考えてきましたが、ときには掘るべき穴を他に探すことも重要なのです。

思考法3

すべてを白紙に戻して考える
ゼロベース思考

　様々な思考法を見てきましたが、あらゆる思考の妨げになる大きな壁があります。それは、"自分自身"です。アルファ社の

人事部の松下さんと、上司の中村部長との会話で考えてみましょう。

💡 シーン　"自分自身の壁"を打ち破れない中村部長

松下さん　「中村部長、ちょっといいですか？」

中村部長　「松下さん、どうしたのかな」

松下さん　「先日、麻生社長から指示があった件なのですが」

中村部長　「最近社員のモチベーションが低いので、人事として何か対策を打ちなさいという件だね」

松下さん　「はい、私なりに考えてみたのです」

中村部長　「どんなアイデアか聞かせくれるかな」

松下さん　「実は、社内の運動会を復活してみたらどうかと思うのです」

中村部長　「う～ん、それは無理だな」

松下さん　「えっ、どうしてですか？」

中村部長　「実は、5年前にも同じことを提案したんだけど、社内で猛反発にあったんだ。『この歳になって走りたくない』『怪我をしたらどうするんだ』『熱中症になったらどうするんだ』『社員運動会なんて過去の遺物だ』など、今思い出すだけでも嫌になるよ」

松下さん　「でも最近は運動会が見直されて復活している企業もあるそうですよ」

中村部長　「まあ、うちでは無理だな」

　これは過去の失敗体験に、いつまでも引きずられてしまっている例です。中村部長のように、過去の失敗経験を判断の根拠

にすると、前向きな議論ができなくなります。

💡 シーン　過去の成功体験のせいで自分自身の壁が破れない中村部長

松下さん　「中村部長、では360度評価の仕組みを導入するのはどうでしょうか。管理職層による部下への動機づけについて、上司だけではなく、部下にも評価させるのです」

中村部長　「それも難しいと思うよ」

松下さん　「え、どうしてですか?」

中村部長「当社の評価制度は私が8年前に人事に異動したときに、今の評価制度に変更したんだけど、とてもわかりやすい制度だと社長からもほめてもらったんだよ。社員からも評判がよく、今も問題なく続いているんだ」

　これは逆に過去の成功体験に、いつまでも引きずられている例です。過去の成功体験はそれが正しいと思いこんでしまい、その後環境が変わっても、一から考えてみようとは思わないものです。

　これらはすべて中村部長の思考の壁です。過去の失敗や成功体験に引きずられてしまい、豊かな発想ができなくなっています。これでは部下の松下さんがよいアイデアを提案しても、何も生まれないでしょう。中村部長のように、過去の経験からくる既存の考えに染まってしまうことは、誰にでもあるのです。

　ロジカル・シンキングで学んだフレームワーク思考は、枠に

当てはめて考える思考のスキルでした。フレームワーク思考の
メリットは、漏れやダブリをなくして、ものごとを捉えること
ができることです。ただし逆の見方をすると、枠に当てはめて
考えるために既成の枠にとらわれてしまい、誰も思いつかない
ようなブレイクスルーが起こりにくいというデメリットもある
のです。フレームワークを活用するときは、メリットとデメリ
ットがあることに注意しなければなりません。

コラム　ゼロベース思考

　ゼロベース思考とは、読んで字の通りゼロベース、つま
り白紙の状態で、ものごとを考えることをいいます。私た
ちはこれまでの人生の中で様々な経験を積み、それが知識
として蓄積されています。様々な経験の中には、成功体験
や失敗体験もあり、それらの体験によって蓄積された知識
により、意識的・無意識的にかかわらず、ものごとを判断
してしまうのです。

　自分の経験以外にも、一般常識、ルール、過去の事例、
仕組み、役割などの制約に縛られて、ものごとを考えてい
ます。

　また、自分の価値観も思考に制約を与えています。これ
らによって思考の幅が狭くなってしまうと、新しい発想や
アイデアが生まれなくなり、組織が活性化せずイノベーシ
ョンが起こらなくなります。そうならないためにも、すべ
てを取り払ってゼロの状態で考えることが重要です。この

ようにすべてを取っ払って思考することをゼロベース思考といいます。

しかし、私たちが100％ゼロベース思考になれるかというとそれは不可能です。それこそ、生まれたての赤ちゃんか、記憶喪失で過去の記憶をすべて失ってしまわないとゼロベース思考はできないかもしれません。しかし赤ちゃんに戻ったり、意図して記憶喪失になることなどできませんので、できる限り制約を設けず、既成の枠を取り外して考えることを心掛ける必要があるのです。

ロジカルトランプ

ロジカル・シンキングを身に付けるには、特別に練習することも有効です。本書では「つなぐ」「分ける」「組み立てる」ことが大切であるとお伝えしましたが、この3つを練習するツールとして筆者は「ロジカルトランプ®」を開発しました。ロジカルトランプは、論理的思考力を高めるために作られた画期的なトレーニングツールです。研修などで活用することで論理的思考力を高めることができます。
https://www.logical-trump.com/

久保田康司（くぼた　やすし）

マネジメント・ラーニング代表取締役。2012年、マネジメント・ラーニング設立、大企業から中小企業まで人材育成のコンサルティング、研修プログラムの開発、インストラクター養成、執筆や講師などを行なっている。ロジカルトランプ®開発者。関西大学社会学部卒業後、1989年鐘紡入社、ファッション事業部で営業を10年経験。99年、ユニバーサル・スタジオ・ジャパンの運営会社ユー・エス・ジェイに開業メンバーとして参画し、マーケティング企画室マネジャーや近畿地区統括マネジャーを歴任。2005年より、三井住友銀行グループのSMBCコンサルティングにて人材育成に携わる。関西学院大学大学院・商学研究科修了（MBA）。神戸大学大学院・経営学研究科修了（MBA）。同志社大学大学院・総合政策科学研究科・博士課程後期課程修了（博士）。
著書に、『上司の自律性支援とコーチングが部下の動機づけに与える影響』（文眞堂）、『最強のチームをつくる10の鉄則』（セルバ出版）、『ビジネスリーダーのためのファシリテーション入門』（同文舘出版）など。

けっきょく なに い　　　　　　　い　　　　　さいきょう つた かた
「結局、何が言いたいの?」と言わせない最強の伝え方

つか
使う! ロジカル・シンキング

2021年3月1日　初版発行

著　者　久保田康司　©Y.Kubota 2021
発行者　杉本淳一

発行所　株式会社日本実業出版社　東京都新宿区市谷本村町3-29 〒162-0845
　　　　　　　　　　　　　　　　大阪市北区西天満6−8−1 〒530-0047
　　　　編集部 ☎03-3268-5651
　　　　営業部 ☎03-3268-5161　　振　替　00170-1-25349
　　　　　　　　　　　　　　　　https://www.njg.co.jp/

印　刷／三省堂印刷　製　本／若林製本

ISBN 978-4-534-05841-6　Printed in JAPAN

3分でわかる ロジカル・シンキングの基本

論理思考のフレームワーク（型）さえ押さえれば、ロジカル・シンキングはできる。MECE、ピラミッド・ストラクチャー、仮説思考が1項目3分でわかる。仕事に役立つ「考える技術」が身につく入門書。

大石　哲之
定価 本体1400円（税別）

最短・最速のコミュニケーションで成果は最大化する
9割捨てて10倍伝わる 「要約力」

リモートワーク時代にも必須の最短最速で確実に伝わる「要約力」を身につければ仕事の成果が劇的に変わる！　もう「あなたの話はよくわからない」「あなたのメールは長過ぎる」と言われない！

山口　拓朗
定価 本体1400円（税別）

「論理的思考だけでは出せない答え」を導く
あたらしい問題解決

変化の激しい時代、ビジネスにおいてたった1つの正解があるとは限らない。問題を Sense でつかみ、解決可能な課題に Segment（切り分け）して、解決策を Story で腹落ちさせる、新しい問題解決の思考法。

長田　英知
定価 本体1600円（税別）